酒店服务与管理专业基于工作过程系统化系列教材

编委会

总　　编：叶军峰　成振洋

编　　委：邓兰珍　李娉婷　赵小玲　蒋碧涛　林文婷

　　　　　罗燕萍　谢玉莲　陈衍怀　陆丽娥　童亚莉

　　　　　董韵捷　黄志伟　朱朦朦　谭文焯　胡嘉欣

企业顾问：

　　　　　广州首旅建国酒店有限公司　　　　总经理杨卓辉

　　　　　　　　　　　　　　　　　　　　　（广州酒店行业协会副会长）

　　　　　广州首旅建国酒店有限公司　　　　人力资源总监徐渊

　　　　　广州市嘉逸国际酒店有限公司　　　总经理黄青照

　　　　　广东大厦　　　　　　　　　　　　人力资源部经理周敬

Contents

目录

Contents

学习活动　节日菜肴品种多　酒水推销门路多

● **学习目标**

1. 能认知中国常见酒水、菜肴以及菜肴营养配餐；
2. 能针对不同类型顾客的需求进行菜肴与酒水推销；
3. 能针对不同菜肴、酒水进行推销服务；
4. 能针对不同服务阶段进行菜肴与酒水推销服务；
5. 能针对不同中国节日活动进行菜肴与酒水推销；
6. 能拟订中国传统节日菜肴与酒水推销方案。

学习任务

（1）组建学习小组。
（2）认知中国常见的菜肴和酒水。
（3）收集用餐客人对菜肴和酒水的需求以及特殊要求的信息资料。
（4）拟订中国传统节日菜肴与酒水推销方案。
（5）收集在中国传统节日针对不同类型的顾客成功进行菜肴与酒水推销服务的经典案例。

任务引入

阅读下面的案例，回答后面的问题。

【案例一】

除夕，有一家人一起到广州的一家饭店吃饭，刚开始大家都不知道点什么菜，讨论来讨论去，最后决定一人点一个自己喜欢的菜。在他们点菜的过程当中，有一个传菜员托着一个煲类的菜肴从他们桌边走过。煲内的菜肴发出的"滋滋"声，马上把大家的目光吸引了过去。于是他们就问服务员那是什么菜，服务员说，那是他们餐厅新推出的一道特色菜，叫"一品海鲜煲"。这个聪明的服务员说："很奇怪，这个菜是新推出的，但是非常受欢迎，餐厅每天只做十个，很多客人来晚了没吃到这个菜，还投诉我们。"

客人听了之后，马上跟服务员说："我们也来一个。"服务员说："我去看看还有没有。"她快步走向后厨，两分钟后，她出来了，说："巧了，还剩最后两个，我给你们预订一个好不好？"客人马上说："好，来一个，来一个。"

【案例二】

中秋节中午，一个顾客和几个朋友到一家饭店去吃饭。该饭店的装修、设施都很不错，比较上档次。入座以后，他们问服务员有什么特色菜。服务员说："菜单上都是特色菜，你们可以看菜单。"他们又问，冷菜有什么特色品种，服务员说："有三黄鸡、鱼子、鱼泡。"而这三道菜偏偏就是菜单上最贵的三道冷菜。在点热菜的时候，客人又问有什么特色菜，服务员又说菜单上都有新推出的特色菜。这是服务员第二次让客人自己看菜单了。然后她又介绍，饭店有长江野生鲅鱼，288元一斤；回鱼，128元一斤。她还说了一句："不贵。"客人听了后很不满意……

【案例三】

春节期间，某饭店的特色酒吧里，其特色饮品的生意一直很火爆，但普通饮料的销售额却不太理想，销售状况波动很大。

该酒吧经理经过调查发现，这一销售额的变化与服务人员点单时的提问方式密切相关。很多服务员总是询问客人："先生，您喝点什么？"结果很多时候客人就点最大众化的饮料——可乐或雪碧，有的客人则干脆说："不需要。"但如果一桌人中有一位客人先点了某种果汁，就会带动全桌人的饮料消费意愿。

于是，该酒吧经理要求服务员换一种方法提问："先生，我们酒吧有椰汁、芒果汁、胡萝卜汁等新鲜饮料，您需要哪一种饮料？"结果很少有客人再点价格相对较低的雪碧，转而选择服务员所提到的椰汁、芒果汁或胡萝卜汁中的一种，虽然它们价格相对较高，但是口感和营养度都更好。一段时间下来，饮料的销售额有了明显的增长。

1. 以上案例反映了哪些不同的推销行为？对你有何启示？

_____

_____

_____

2. 你所知道的菜肴和酒水推销技巧有哪些？请举出两三个例子。

_____

_____

_____

🌀 任务布置

（1）每6～8人组成一组，以小组为单位，围绕"拟订中国传统节日端午节的菜肴与

3

酒水推销服务方案"这个主题，搜集相关资料。

（2）以小组为单位，搜集并记录一些中国传统节日里酒店针对情侣如何成功进行菜肴与酒水推销服务的典型案例。

（3）将上述两项任务以各种形式（照片、视频、漫画、小品演示等）记录下来，并做一些简单的解释。

🌐 知识链接

第一节　中国菜肴与酒水基本知识

中国烹饪由于原料生产、烹调技法、风味特点的差异，历史上形成了众多的帮口。餐饮企业提供的有形商品有菜肴、点心、酒水、饮料等。作为餐饮业的主要销售人员——餐厅服务员，应该对自己所卖的商品有着深入、全面的了解。餐厅服务员了解自己所在餐厅供应食品的原料、口味、制作方法、适应对象、价格等是十分必要的。菜系是指具有明显地区特色的肴馔体系。

了解菜肴、点心、酒水、饮料等知识，对于向顾客介绍、推荐菜点，合理搭配与组合菜点，根据市场动态和顾客要求提出积极的改进建议，改善服务人员的知识水平和综合能力，改善餐饮服务质量都具有十分重要的意义。

本单元从特征、原料、口味等方面介绍中国菜肴、点心、酒水、饮料等知识。

一、中国菜肴基本知识

菜肴、点心是餐饮业所供应的主要商品，餐饮业通过供应的菜点反映其特色，而恰如其分的介绍、合理的搭配、特殊的使用方法更能使其特色得到充分展示，使之更加名副其实。经过长期的发展和完善，中国烹饪以取材广泛、技艺精湛而享誉世界，并融入了我国灿烂的传统文化。

中国菜肴是中国各地区、各民族各种菜肴的总称，具有历史悠久、技术精湛、品类丰富、流派众多、风味独特的特点，是中国烹饪数千年发展的结晶，在世界上享有盛誉。

我国幅员辽阔，是一个以汉族为主体的多民族国家，由于地理气候、物产文化、风俗习惯、生活方式等差异，形成了不同的地方风味流派。这些风味流派在旧时习惯上称为"帮"，并多冠以地名，如广东菜被称为"广帮"，四川菜被称为"川帮"。20 世纪 50 年代，出现了"菜系"一词，逐渐代替了"帮"的称呼。菜系的形成有经济、地理、社会、文化等诸多因素，先后出现了"四大菜系"、"八大菜系"等。

本单元主要介绍影响较大、流传较广的京、广、川、苏、浙、闽、湘、沪等地的菜肴的特点和名菜、名点。

（一）北京菜

北京是我国的首都，是著名的古都之一，也是全国的政治、经济、文化中心。这里人文荟萃，各地著名风味和名厨高手云集京城，各民族的饮食风尚也在这里相互影响和融合，经过历代人着意耕耘、博采众长、推陈出新，逐渐形成了别具一格、自成体系的北京菜。

对北京菜影响最大的莫过于流行于北方的山东菜。山东菜在京"落户"约始于明代。山东菜又称"鲁菜"，具有浓少清多、醇厚不腻、鲜咸脆嫩的特色，易被北京人接受。在北京的山东菜历经数百年的演变，不断调整烹制方法和调味技术，并在诸多名家指导下创制了许多独特的名菜，已与原来的山东菜有明显的区别，成为北京菜体系的一大组成部分。可以说，山东菜是北京菜的源头。

宫廷菜、官府菜的烹饪技艺流入民间，对北京菜的形成也起到了不可低估的作用。宫廷菜、官府菜主要是指从清代宫廷御膳房和京师一些官府流传到民间的美味佳肴，其主要特点是用料极为讲究，工艺精细，味道醇鲜，特别注重色、香、味、形的和谐统一，颇显高贵典雅。

独具一格的清真菜也是北京菜系中的组成部分。汉、满、蒙、回等各族人民定居在这里以后，出现了许多清真菜馆。直到现在，清真菜在北京仍然有很大的影响力，深受欢迎。

北京菜在原料使用上广收博取，东北的熊掌、鹿筋、猴头菇，海南的燕窝、鱼翅，渤海的海参、对虾，白洋淀的鲜鱼，胜芳的螃蟹，张家口的绵羊，江南的时令鲜蔬以及全国有特色的原料都被历代厨师广泛利用，精心烹制，使北京菜显得更加丰富多彩。

北京菜的烹饪方法多样，主要有爆、烤、涮、炸、炒、熘、烩、烹、煎、扒等。

北京菜的口味特点，过去讲究味厚、汁浓、肉烂、汤肥。近年来，注重突出菜肴的原汁原味，内地以咸鲜为主，沿海以鲜咸为特色，向清、鲜、香、嫩、脆的方向转变。

北京菜的名菜主要有北京烤鸭、黄焖鱼翅、芙蓉鸡片、菜包鸡、涮羊肉、椒盐排骨、油焖大虾、油爆双脆、砂锅羊头、葱爆羊肉、三不粘、醋椒鳜鱼、葱烤海参、糟熘鱼片等。

北京菜的名点主要有盘丝饼、银丝卷、褡裢火烧、奶油炸糕等。

图 1-1-1　北京菜

（二）广东菜

广东菜即粤菜，包括广东、广西、福建、台湾和海南等地的菜肴在内，以广州风味为代表。粤菜具有独特的南国风味，并以选料广博、菜肴新颖奇异而闻名于世。

粤菜发源于岭南。是我国著名四大菜系之一，其烹饪以技艺精湛、风味独特饮誉四方。汉魏以来，广州一直是中国南方的大门，地处亚热带，濒临南海，四季常青，物产丰富，山珍海味无所不有，蔬果时鲜四季不同，是与海外通商的重要口岸。社会经济因此得以繁荣，同时也促进了饮食文化的发展，加快了其与中国各地及各国烹调文化的交流。中外各种食法逐渐被吸收，使广东菜的烹调技艺得以不断充实和改善，其独特的风格日益鲜明。明、清时期大开海运，对外开放口岸，广州商市得到进一步繁荣，饮食业也因此蓬勃兴起。粤菜包括广州菜、潮州菜和东江菜，集南海、番禺、东莞、顺德、中山等地方风味的特色，将京、苏、扬、杭等外省菜以及西菜融为一体，自成一家。粤菜取百家之长，用料广博，选料珍奇，配料精巧，善于在模仿中创新，依食客喜好而烹制。其味重清、鲜、爽、滑、嫩、脆，讲求"镬气"；调味追求"酸、甜、苦、辣、咸、鲜"；菜肴有"香、酥、脆、肥、浓"之别，"五滋六味"俱全。如京都骨、炸熘黄鱼、虾爆鳝背等，吸取京菜口味创制；铁板牛肉、鱼香鸡球、宫保鸡丁等，借鉴川菜口味创制；五柳鱼、东坡肉、酒呛虾是浙菜口味；闻名岭南的"太爷鸡"是徽菜口味；而西汁猪排、茄汁牛排等则是从西式菜肴中移植而来的。粤菜选料广博奇异，品种花样繁多，令人眼花缭乱。天上飞的，地上爬的，水中游的，几乎都能上席。一经厨师之手，它们就都能变成美味佳肴，每每令食者击节赞赏，被誉为"异品奇珍"。

粤菜烹饪方法多样善变，有熬、煲、炖、扣、蒸、炒、泡、焖、扒、炸、煎、焗、浸、滚、烩等。粤菜的口味比较清淡，清中求鲜、淡中求美；而且随季节时令的变化而变化，夏秋偏重清淡，冬春偏重浓郁，追求色、香、味、形。

粤菜的名菜主要有烤乳猪、白灼虾、龙虎斗、油泡虾仁、香芋扣肉、蚝油牛肉、白云猪手、红烧大裙翅、炒鲜奶、盐焗鸡、狗肉煲、五彩炒蛇丝等。

粤菜的名点主要有水晶虾饺、云吞面、叉烧包、蟹黄水晶饺、肠粉等。

图 1-1-2　广东菜

（三）四川菜

四川菜又称川菜，包括四川、云南、贵州、湖南和湖北等地的菜肴在内。四川烹饪文化历史悠久。考古资料证实，早在三千多年前的商周时期，巴蜀地区已有早期的烹饪技术，春秋至秦是川菜的启蒙期，西汉至两晋川菜已形成初期的轮廓，两宋时期川菜已进入汴梁和临安。明末清初，川菜的技法日益完整，麻辣、鱼香、怪味等众多的味型特色已成熟定型，成为中国地方菜中独具风格的一个流派。四川菜以成都菜（亦称上河帮）、重庆菜（亦称下河帮）、自贡菜（亦称小河帮）为主。四川菜除川内南北各城市普遍流行外，还流传到东南亚及欧美等30多个国家和地区，是中国地方菜中辐射面较广的流派之一。

四川菜风味特点在相当大的程度上取决于四川的特产原料。四川号称"天府之国"，烹饪原料丰富而有特色。除了四川平原有粮、油、蔬、果、畜、禽、笋、菌外，山区的熊、鹿、獐和虫草、银耳、竹荪、川贝母等，江河峡谷的江鲫、岩鲤、雅鱼、鲟鱼等，都是烹制川菜的原料；自贡的井盐、郫县的豆瓣、新繁的泡菜、简阳的二荆条辣椒、汉源的花椒、德阳的酱油、保宁的醋、顺庆的冬尖、叙府的牙菜、渔川的豆豉等都是烹调出川菜的重要原料、辅料和调料。"味在四川"，是世人所公认的。

川菜的常用技法有炒、爆、熘、煎、烧、烩、焖、蒸、煮、炖、熏、卤、炝、渍、拌、腌、糟等数十种，尤以小煎、小炒、干烧、干煸见长。

川菜味型很多，有麻辣味型、怪味型、家常味型、豆瓣味型，以及陈皮、椒盐、荔枝、蒜泥、麻酱、芥末等30余种味型，尤以麻辣、鱼香、怪味等几种味型独善其长。以麻辣辛香，一菜一格著称。

川菜的名菜主要有灯影牛肉、家常海参、宫保鸡丁、鱼香肉丝、樟茶鸭子、麻婆豆腐、小煎鸡米、干烧鲤鱼、干煸牛肉丝、水煮鱼片等。

川菜的名点主要有担担面、龙抄手、红油水饺、小笼蒸牛肉、川北凉粉、珍珠圆子、牛肉焦饼等。

图1-1-3 川菜

（四）江苏菜

江苏东临大海，西拥洪泽，南临太湖，长江横贯于中部，运河纵流于南北，以扬州、两淮（淮安、淮阴）为中，以大运河为主干，南起镇江，北至洪泽湖周边、淮河以南，东至沿海。境内有蛛网般的港湾、串珠似的湖泊，而且气候寒暖适宜、土壤肥沃，素有"鱼米之乡"之称。一年四季，水产、禽、果、蔬不断产出，这些富饶的物产为江苏菜系的形成提供了优越的物质条件。据出土文物表明，约在六千年以前，江苏先民已用陶器烹调，两淮的菜品丰富多彩，驰名天下。

江苏菜系主要由淮扬、金陵、苏锡、徐海四个地方的菜品构成，其影响遍及长江中下游广大地区。

淮扬风味以扬州、两淮（淮安、淮阴）为中心，以徽菜扬点而著称；金陵风味又称京苏菜，是指以南京为中心的地方风味；苏锡风味以苏州、无锡为代表；徐海风味以徐州、连云港为代表。

行家曾将江苏菜归纳为48个字：选料严格，刀工精细；讲究火工，擅长炖焖；汤味清醇，浓而不腻；清淡鲜嫩，原汁原味；注重造型，善用点缀；咸中微甜，南北皆宜。

用料以水鲜为主，禽畜果蔬齐全。江苏菜十分讲究刀工，刀工精细，刀法很多，花刀富于变化，烹调时注重火候，使菜品形态精致、滋味醇和，既悦目又美味。特点是浓中带淡，鲜香酥烂，原汁原汤浓而不腻，口味平和，咸中带甜。菜品风格雅丽，形质兼美，酥烂脱骨而不失其形，滑嫩爽脆而益显其味。

江苏菜的名菜主要有炮虎尾、水晶肴蹄、拆烩大鱼头、清蒸鲥鱼、野鸭菜饭、银芽鸡丝、鸡汤煮干丝、清炖蟹粉狮子头、双皮刀鱼、盐水鸭等。

江苏菜的名点主要有三丁包、黄桥烧饼、蟹黄烧卖、淮饺等。

图 1-1-4　江苏菜

（五）浙江菜

浙江菜主要由杭州、宁波、绍兴等地的菜肴组成，以杭州菜、宁波菜为代表。其特点是清、香、脆、嫩、爽、鲜。近年来温州菜成为浙江菜的后起之秀。

杭州菜集全省各地的菜肴精华为一体，以制作精细、清鲜爽脆、淡雅细腻的风格集中体现出浙江菜的主要风味特色。

宁波菜包括浙东沿海地区的风味特色菜肴，以腌、烤、炖为主，讲究鲜嫩软滑，注重保持原汁原味，讲究鲜咸合一的特殊风格。

绍兴菜以烹制河鲜、家禽见长，有浓厚的江南水乡风味，讲究香糯酥绵、咸鲜入味、汁浓味重。

温州菜属浙江菜的后起之秀，以海鲜为主，口味清淡、淡而不薄。烹饪讲究轻油、轻芡、重刀工，菜肴细巧雅致。

浙江菜具有薄正、鲜嫩、细腻、典雅的特色，口味重淡多变，讲究时鲜，取料广泛，多用地方特产。常寓神奇于平凡，烹调精巧，善制河鲜海味，以清鲜味真见长。

浙江菜用料表现为精细、独特、鲜嫩。浙江菜的烹饪原料在距今四五千年前已相当丰富，浙江北部富饶的长江三角洲，四季时鲜产出不断，鱼虾资源丰富；西南丘陵地带，竹林漫坡，鸡鸭成群，牛羊肥壮，又多山珍；东南沿海拥有产量居全国之首的舟山渔场，海产鱼贝500余种。

浙江菜着重火候，擅长炒、炸、烩、熘、蒸、烧等30余种烹调技法。口味偏重清、鲜、脆、嫩，讲究"和合之妙"，突出主料本色真味。

浙江菜的名菜主要有叫花鸡、千菜焖肉、蒜子鱼皮、东坡肉、龙井虾仁、西湖醋鱼、冰糖甲鱼等。

浙江菜的名点主要有灌浆馒头、虾爆鳝面、猫耳朵、片儿川等。

图1－1－5　浙江菜

（六）福建菜

福建菜又称闽菜，以福州、泉州、厦门等地的菜肴为代表，是中国烹饪主要菜系之一，福建的经济文化是在南宋以后逐渐发展起来的，在中国烹饪文化宝库中占有重要地位。由于自然条件、原料结构和民间食俗的差异，直到清代中期之后闽菜才逐渐为世人所知。闽菜各派别又有自己的风味特点。福州菜流行于闽东、闽中、闽北地区；闽南菜则广传于厦门、泉州、漳州、闽南金三角；闽西菜则盛行于闽西客家地区，极富乡土气息。闽菜总的风格特色是淡雅、鲜嫩、和醇、隽永。口味偏重甜、酸、清、淡。

烹饪原料以海鲜和山珍为主，由于福建的地理形势依山傍海，北部多山，南部面海。苍茫的山区，盛产菇、笋、银耳、莲子和石鳞、甲鱼等山珍野味；漫长的浅海滩涂，鱼、虾、蚌等海鲜佳品常年不绝；平原丘陵地带则盛产稻米、蔗糖、蔬菜、水果，誉满中外。丰富的自然资源给闽菜提供了丰富的原料资源，也造就了几代名厨和广大从事烹饪的专业者。

闽菜的刀工巧妙，一切服从于味，有"片薄如纸，切丝如发，剖花如荔"之美称。刀工均围绕着"味"下功夫，使原料通过刀工的技法，更体现出原料的本味和质地。它反对华而不实、矫揉造作，提倡原料的自然美并达到滋味沁深融透、成形自然大方、表里如一的效果。擅长制作海鲜原料，并在蒸、氽、炒、煨、爆、炸等方面独具特色，表现在选料精细、泡发恰当、调味精确、制汤考究、火候适当等方面。特别注意调味，力求保持原汁原味。善用糖，甜可去腻；巧用醋，酸能爽口；味清淡，则可保持原味。因而闽菜有甜而不腻、酸而不涩、淡而不薄的盛名。

闽菜重视汤菜，与多烹制海鲜的传统食俗有关。从长期积累的经验来看，最能保持原料本质和原味的当属汤菜，故汤菜多而考究，有的白如奶汁，甜润爽口；有的汤清如水，色鲜味美；有的金黄澄透，馥郁芳香，味厚香浓。

闽菜的名菜主要有佛跳墙、醉糟鸡、酸辣烂鱿鱼、烧片糟鸡、太极明虾、清蒸加力鱼、荔枝肉、醉排骨等。

闽菜的名点主要有韭菜盒、包心鱼圆、米线、四方饺等。

图 1-1-6 闽菜

（七）湖南菜

湖南菜又称湘菜。在几千年的悠悠岁月中，经过历代的演变与进化，湖南菜逐步发展为颇负盛名的地方菜系，它是由湘江流域、洞庭湖区、湘西山区三大流派组成。湘江流域以长沙、湘潭、衡阳为中心，以长沙为代表，菜肴用料广泛，制作精细，注重刀工火候，浓淡分明。洞庭湖区以常德、益阳、岳阳为中心，材料以家禽、野味、河鲜见长。湘西山区以吉首、怀化、大庸为中心，擅长制作山珍野味、烟熏腊肉和各种腌肉。

湖南是全国的鱼米之乡，号称"湖广熟，天下足"，物产丰富，为湘菜提供了广博的烹饪原料。历来重视原料互相搭配，滋味渗透，交汇融合，以达到去除异味、增加美味、丰富口味的目的。水产有洞庭湖鱼、金龟、水鱼、白鳝等数十种，陆生植物有寒菌、冬笋、魔芋、蘑菇、香菇、木耳、黄花等，家禽、家畜众多。浏阳的豆豉、湘潭的龙牌酱油、郴州的陈醋、醴陵的干红椒、永州的辣酱等都是湘菜的重要调味品。

多种多样的调味品，经湘菜厨师进行味的组合，使复合味型多样，有红油、酸辣、酸、甜、咸甜、微麻多辣、椒盐、陈皮、糖醋、咸辣、咸鲜等，还有五香、芥末、烟香、姜汁、蒜泥等，故有味浓、色重的特点。

湘菜常用的烹调技法有20大类，每一大类又派生出若干种烹调方法，最能体现火候特色的是小炒、滑熘、清蒸等。

湘菜的名菜主要有粉蒸白鳝、麻辣子鸡、走油豆豉扣肉、洞庭回鱼、东安鸡、发丝牛百合、腊味合蒸、冰糖湘莲等。

湘菜的名点主要有虾饼、姊妹团子、湖南米粉、鸳鸯酥等。

图1-1-7　湘菜

（八）上海菜

上海菜形成的时间也不过一百多年，却能在中华各种菜肴美食中独领风骚。

现在的上海菜有两种含义：狭义的上海菜称为本帮菜，上海市民的家常菜即属于本帮菜范围；广义的上海菜是以本帮菜为主，吸收各派之长形成的具有综合性、广泛性的菜系。可以这么说，上海菜是以当地本帮菜为基础，兼有京、鲁、苏、锡、川、广、闽、杭、豫、徽、湘等肴馔和素菜、清真菜以及西餐等特色风味，并依照上海内联全国、外通世界的商埠特点，适应五方杂处的口味需求，加以适当变化，形成的创新海派风格菜肴。

上海气候温和、四季分明、交通便利，这里有四季不断的常绿蔬菜，肥美的鱼、虾、蟹等河鲜、海鲜，还有来自全国各地乃至世界其他国家的各种原料和调料。充沛的烹饪资源给上海提供了广阔的天地，形成了选料严谨、四季有别的特征。

上海菜以烹制河鲜、海鲜、禽、畜和时令蔬菜著称。烹制方法有红烧、炸、炒、爆、生煎、生煸、蒸、糟、煨、油焖等，口味则有咸鲜、咸甜、甜酸、咸辣、甜辣、糟香等，不一而足。其菜品朴实而素雅，注重厚味，浓淡兼长，清醇和美，上海本帮菜以"肥而不腻"著称。

上海的名菜主要有红烧鱼、虾子大乌参、扣三丝、八宝鸭、草头圈子、油酱毛蟹、贵妃鸡、松仁玉米、红烧肚档、腌笃鲜等。

上海主要名点有蟹壳黄、南翔小笼、鸽蛋圆子、排骨年糕等。

图 1－1－8　上海菜

（九）其他菜系

安徽菜简称徽菜或皖菜，徽菜的形成、发展与徽商的发迹、兴起有着密切的关系，长江、淮河自西向东横贯境内，把全省分为淮北平原、江淮丘陵、皖西大别山区、沿江平原和皖南山区五个自然区域。皖南山区奇峰叠翠，山峦连接，盛产茶叶、竹笋、香菇、木耳、板栗、枇杷、雪梨、香榧、琥珀枣，以及石鸡、甲鱼、鹰龟、桃花鳜等山珍野味。淮北平原，沃土千里，良田万顷，盛产粮食、油料、蔬果、禽畜，是著名的"鱼米之乡"。徽菜由皖南、沿江和沿淮三种地方风味所构成。皖南风味以徽州地方菜肴为代表，它是徽菜的主流。其主要特点是擅长烧、炖，讲究火功，并习以火腿佐味，冰糖提鲜，善于保持原汁原味。不少菜肴都是用木炭火单炖，原锅上桌，不仅体现了徽味古朴典雅的风格，而且香气四溢，诱人食欲。其代表菜有清炖马蹄鳖、黄山炖鸽、腌鲜鳜鱼等。

湖北菜简称鄂菜，以"咸鲜"味为本，讲究嫩、柔、滑、爽，善烹河鲜，以蒸菜驰名，富有浓厚的江南水乡特色。湖北省位于长江中游，洞庭湖以北，气候温和，物产丰富。境内河网交织，湖泊密布，是全国淡水湖泊最为集中的省份，素称"千湖之省"。

湖北菜系由武汉、荆沙、黄州和襄郧四大风味流派组成。选料严格，制作精细，注重刀工火候，讲究配色和造型，淡水鱼鲜的烹调与煨汤技术独具一格。口味讲究鲜、嫩、柔、软，菜品汁浓、芡亮、透味，保持营养，为湖北菜之精华。代表菜有沔阳三蒸（即珍珠圆子、蒸白丸、粉蒸肉）、蟹黄鱼翅、海参圆子等。

素菜是指以植物类、菌类为原料制成的菜肴，通常指用植物油、蔬菜、豆制品、面筋、竹笋、菌类、藻类和干鲜果品等植物性原料烹制的菜肴。素菜是一种选料精细、制作考究、口味清淡、花样繁多的菜系。素菜以其食用对象不同可分为寺院素菜、宫廷素菜、民间素菜。素菜的特征主要是以时鲜为主，清爽素净；花色繁多，制作考究；富含营养，健身疗疾。

中国的素菜源远流长，最早产生于春秋战国时期，主要用于祭祀和重大的典礼。魏晋南北朝时，随着佛教的传入，"吃素"理论逐渐形成，对素菜的发展起到了极大的推动作用。从此，素菜便自成体系，独树一帜，风格别致，成为丰富多彩的中国菜肴和食文化的一个重要组成部分。

我国素菜发展到现在，品种已有 8 000 多种。按其制作方法，大体可分为三类。一是卷货类：用油皮包馅卷紧，淀粉勾芡，烧制而成，如素鸡、素酱肉、素肘子、素火腿等；二是卤货类：以面筋、香菇为主，烧制而成，如素什锦、香菇面筋、酸辣片等；三是炸货类：过油煎炸而成，如素虾、香椿鱼、小松肉、咯炸盒等。素菜中，还有一道罗汉全斋，把发菜、冬菇、冬笋、素鸡、鲜蘑、金针、木耳、熟栗、白果、菜花、胡萝卜、豆腐、腐竹等放在砂锅中烩作一锅，色彩斑斓、滋味独特、口感香醇、食而不腻。素菜的烹饪技艺主要在于色、香、味而不在于形，因为最好的素菜在于素菜本身的特色，失去了固有的特色，也就不成佳肴了。

图1-1-9 素菜

二、中国酒水基本知识

（一）中国酒水的分类

中国酿酒最初起源于夏初或夏朝以前的时期，距今已经有四千多年的历史。中国酒品种繁多、风格独特。其分类的方法较多，按酒精含量的高低可分为高度酒（51%~67%）、中度酒（38%~50%）、低度酒（38%以下）三种；按酒的制造方法可分为精馏酒、酿造酒、配制酒三类；按酒的含糖浓度高低可分为甜型酒（10%以上）、半甜型酒（5%~10%）、半干型酒（0.5%~5%）、干型酒（0.5%以下）四种；按商品类型可分为白酒、黄酒、啤酒、果酒、药酒、仿洋酒。下面按商品类型分别介绍白酒、黄酒、啤酒、果酒四种酒。

1. 白酒

白酒是中国传统蒸馏酒，又称"烧酒"或"白干"。我国白酒的生产已有很长的历史。中国白酒以谷物及薯类等富含淀粉的作物为原料，经发酵、蒸馏而成。酒度一般都在40%以上，但目前已有酒度在38%以下的低度酒。白酒品种繁多，制法和风味都各有特色，大致可分为以下几种。

（1）按生产原料分类。

①粮食白酒。它以高粱、玉米、大米及大麦等为原料酿制而成。品牌及优良白酒中绝大多数为此类酒。薯类作物富含淀粉和糖分，易于蒸煮糊化，出酒率高于粮食白酒，但酒

13

质不如粮食白酒，多为普通白酒。

②其他原料白酒。它以富含淀粉和糖分的农副产品和野生植物为原料酿制而成，如大米糠、高粱糠、甘蔗、土茯苓及葛根等。这类酒的酒质不如粮食白酒和薯干白酒。

（2）按酿造用曲分类。

①大曲法白酒。它以大曲（又称麦曲，是一种粗制剂，由微生物自然繁殖而成，因其形状像大砖块而得名）作为酿酒用的糖化剂和发酵剂。酒醅经蒸馏后成为白酒。此酒具有曲香馥郁、口味醇厚、饮后回甜等特点，但因耗费粮食、生产周期长等原因，它的生产与发展受到限制。

②小曲法白酒。它以小曲（又称米曲，相对于大曲而言，因添加了各种药材而又称为药曲或酒药）作为酿酒用的糖化剂。此酒适合在气温较高的地区生产，具有一种清雅的香气和醇甜的口感，但不如大曲酒香气馥郁。

③麸曲法白酒。它以麸曲（用麸皮为原料，由人工培养而成，因生产周期短，又称快曲）为糖化剂，以酵母菌为发酵剂。此酒以出酒率高、节约粮食及生产周期短为特点，但酒质不如大曲及小曲白酒。

④小曲、大曲合制白酒。它是先用小曲、后用大曲酿造而成的，酒质风格独特。

（3）按香型分类。

①酱香型白酒。以茅台白酒为代表，特点是酒质醇厚、酱香浓郁、气味幽雅、绵软回甜，倒入杯中放置较长时间香气不失，饮后空杯留香。

②浓香型白酒。以泸州老窖特曲为代表，特点是芳香醇厚、回味悠长、饮后幽香。

③清香型白酒。以山西汾酒为代表，特点是酒液晶莹透亮，酒气幽雅清香，酒味醇厚绵软、甘润爽口。

④米香型白酒。以桂林三花酒为代表，主要是以大米为原料发酵而成的小曲酒，特点是酒气蜜香清柔，幽雅纯净，回味怡畅。

⑤其他香型白酒。因具体酒种不同，可细分为几种小香型。如药香型白酒，以董酒为代表；芝麻香型白酒，以景芝白干为代表；豉香型白酒，以豉味玉冰烧为代表。

（4）按白酒中的酒精含量分类。

白酒可分为高度白酒（51%～67%）、中度白酒（38%～50%）、低度白酒（38%以下）。

图 1-1-10　白酒

2. 黄酒

黄酒品种繁多，属于发酵酒，在世界三大发酵酒中占有重要的一席之地，其酿酒技术独树一帜，制法和风味都各有特色，主要生产于中国长江下游一带，以浙江绍兴的黄酒最为著名。黄酒大致可分为以下几种。

（1）按原料和酒曲分类。

①糯米黄酒。它以酒药和麦曲为糖化剂、发酵剂，主要生产于中国南方地区，主要品种有绍兴加饭酒、元红酒、花雕酒等。

②黍米黄酒。它以米曲霉制成的麸曲为糖化剂、发酵剂，它主要生产于中国北方地区，主要酒品有山东即墨黄酒、山西黄酒等。

③大米黄酒。它是一种改良的大米黄酒，酒色淡黄，清亮而富有光泽，具有清酒特有的香味，在风格上不同于其他黄酒。它主要生产于中国吉林及山东，较著名的品种有吉林清酒和即墨特级清酒等。

④红曲黄酒。它以糯米为原料，以红曲为糖化剂、发酵剂，主要生产于中国福建及浙江两地，主要品种有福州红曲黄酒、闽北红曲黄酒、温州乌衣红曲黄酒等。

（2）按生产的方法分类。

①淋饭法黄酒。将糯米用清水浸发两日两夜，然后蒸熟成饭，再通过冷水喷淋达到糖化和发酵的最佳温度，然后拌加酒药、特制麦曲及清水，经糖化和发酵45天就可做成。此法主要用于甜型黄酒的生产。

②摊饭法黄酒。将糯米用清水浸发16～20天，取出米粒，分出浆水。米粒蒸熟成饭，然后将饭摊于竹席上，经空气冷却达到预定的发酵温度，配加一定分量的酒母、麦曲、清水及浸米浆水后，经糖化和发酵60～80天做成。用此法生产的黄酒质量一般比淋饭法黄酒好。

③喂饭法黄酒。将糯米原料分成几批，第一批以淋饭法做成酒母，然后再分批加入新原料，使发酵继续进行，用此法生产的黄酒与淋饭法及摊饭法黄酒相比，发酵更深透，原料利用率较高。这是中国古老的酿造方法之一，早在东汉时期就已盛行，现在中国各地仍有许多地方沿用这一种传统工艺，著名的绍兴加饭酒便是其典型代表。

（3）按其他方式分类。

①根据酒的颜色可分为元红酒（琥珀色）、竹叶青（浅绿色）、黑酒（暗黑色）、红酒（红黄色）。

②根据加工工艺可分为加饭酒（原料用米料加多）、老黄酒（将浸米酸水反复重熬，代替浸米水，以增加酸度，用来培养酵母）。

③根据包装方式分类，主要有花雕（在酒坛外绘各种花纹及图案）。

④根据特殊用途分类，主要有女儿红（在女儿出生后将酒坛埋在地下，待女儿出嫁时取出，敬饮宾客）。

⑤根据酒的产地命名的有绍兴酒、金华酒、丹阳酒、九江封缸酒、山东兰陵酒等。

⑥根据酒的外观（如颜色、浊度等）可分为清酒、浊酒、白酒、黄酒、红酒（红曲酿造的酒）。

（4）现代黄酒的分类方法。

在最新国家标准中按黄酒的含糖量将黄酒分为六类，即干黄酒、半干黄酒、半甜黄酒、甜黄酒、浓甜黄酒、加香黄酒。

①干黄酒的"干"表示酒中的含糖量少，糖分被发酵成酒精，故酒中的糖分含量最低，在最新的国家标准中，其含糖量应小于1g/100ml（以葡萄糖计）。在绍兴地区，干黄酒的代表就是元红酒。

②半干黄酒的"半干"表示酒中的糖分还未完全发酵成酒精，保留了一些糖分。在生产上，这种酒的加水量较低，相当于在配料时增加了饭量，故又称加饭酒。酒的含糖量为1%～3%。发酵的过程要求较高，酒质厚浓，风味优良，可以长久储藏，是黄酒中的上品。

③半甜黄酒。这种酒的含糖量为3%～10%。其酒香浓郁，酒度适中，味甘甜醇厚，是黄酒中的极品，但不宜久存，储藏时间越长，色泽越深。

④甜黄酒。酒中的糖分含量达到（10～20）g/100ml。由于加入了米白酒，甜黄酒酒度较高，它可常年生产。

⑤浓甜黄酒。浓甜黄酒的糖分大于或等于20g/100ml。

⑥加香黄酒。这是以黄酒为酒基，经浸泡（或复蒸）或加入芳香动植物的浸出液而制成的黄酒。

图1-1-11 黄酒

3. 啤酒

关于啤酒诞生的传说有很多，人类至今也无法用最科学的手段来鉴定它的出处。我国最新的国家标准规定：啤酒是指以大麦芽（包括特种麦芽）为主要原料，加酒花，经酵母发酵酿制而成的、含二氧化碳的、起泡的、低酒精度（2.5%～7.5%）的各类熟鲜啤酒。

（1）按灭菌工艺分类。

①生啤。

散装生啤。散装生啤是指酿造合格后，不经过低温灭菌（也称巴氏灭菌）处理，但符合卫生标准且口感鲜美、营养值较高的啤酒，是夏季消暑的佳品。由于这类啤酒中有大量的活酵母菌，稳定性差，保存时间不宜太长，在低温下保存时间一般为一周，只适宜在当地销售。

纯生啤酒。纯生啤酒起源于20世纪90年代中期，它是采用现代灭菌设备经过4次过滤除菌后密封装入不锈钢啤酒桶内的啤酒，销售时专门配有一台生啤机，边降温边补充二氧化碳。此类啤酒口味鲜美、气体充足、营养丰富，是具有一定生物稳定性的啤酒，在0～8℃条件下可保质20～30天，是国际上酒质、保鲜、营养三方面综合评价最为理想的啤酒。

作坊生啤。自1994年起，我国在北京、上海、广州等大城市先后开设了几家作坊生啤酒吧（又称啤酒坊），其最大的特点是将一套小型酿酒设备搬进店堂，在店堂内营造一种古朴优雅的气氛，吸引广大消费者。作坊生啤的优点是自产自销，现酿现喝，无须灭菌处理及降温保质，酒中保留了全部活体酵母菌，酒液新鲜；缺点是小作坊式生产，缺乏工业生产所具备的先进设备及优良水质、科学工艺和标准检测等条件，难以酿出一流的美酒。

②熟啤。此类啤酒在酿造合格后，需采用巴氏灭菌法以杀掉大量新鲜的酵母菌。这种啤酒多为瓶装或罐装，口味较其他类啤酒稍差，灭菌法营养价值较低，一般保质期在4～6个月，保存时间过长会出现老熟、氧化等问题。尽管如此，熟啤仍是大众消费者消费的主要品种。

③鲜啤。啤酒酿造合格后，经过板式热交换器，在72℃时做瞬时杀菌处理，即可在常温下保质2～3个月。其酒质、营养介于生啤和熟啤之间。

（2）按啤酒的颜色分类。

①淡色啤酒。它色泽浅黄，又称黄啤。用大麦芽和啤酒花作为原料，口感较清爽，酒花香气突出。我国消费者消费以黄啤为主，并以色泽浅黄为佳。

②深色啤酒。它的酒液呈咖啡色，富有光泽，也称黑啤。原麦芽汁浓度为12%～20%，酒精含量在3.5%以上。以一部分高温烘烤的焦香麦芽和啤酒花为原料，麦芽汁浓度比较高，发酵度较低。口味比较醇厚，有明显的麦芽香味，氨基酸含量也高一些。

图1-1-12 啤酒

4. 果酒

（1）葡萄酒。世界上可以用来酿酒的葡萄有 2 000 多种，目前使用的大约只有 100 种，实际上能酿出世界顶级葡萄酒的葡萄就只有几种。

（2）果子酒。用水果制成的酒被称为果子酒。果酒中虽然含有酒精，但酒精含量与白酒、啤酒和葡萄酒比起来非常低，一般为 5% ~ 10%，最高的也只有 14%。因此，果子酒被很多日本成年人当作饭后或睡前的软饮料来喝。

图 1 - 1 - 13　果酒

（二）中国酒水的特点

1. 白酒

中国白酒与世界其他国家的白酒相比，具有特殊且不可比拟的风味。酒色洁白晶莹，质地纯净；酒香郁烈扑鼻，五种香型的酒各有特色，香气馥郁，余香不尽；口感醇厚柔绵，甘润清洌，酒体协调，回味悠久。那爽口未净、变化无穷的味道，让人回味无穷。

我国早期白酒的度数很高，有 62%、65%、67% 之高，度数这样高的酒在世界其他国家是罕见的。近几年，国家提议降低白酒度数，有不少较大的酒厂，已成功试制了 38%、39% 等度数的低度白酒。低度白酒出现在市场的初期，大多数消费者不太习惯，饮用起来总觉着不够味、劲头小。20 世纪 90 年代初，城市消费者已经开始习惯低度白酒，它在宴席上已经逐渐成为一个较好的销售品种。

2. 黄酒

黄酒是我国民族特产，距今已有 6 000 年的历史，是世界上最古老的饮料酒之一，以大米（主要是糯米）为原料。由于我国资源丰富，自然条件各不相同，原料丰富，酿造工艺复杂多样，所以黄酒形成了品种繁多、风格迥异的特点。黄酒绝大多数色泽金黄或黄中带红，香气浓郁芬芳，口味鲜甜甘美，如麦曲稻米酒是黄酒中历史最悠久、最有代表性的一个系列，其代表为绍兴酒。不同产地、不同品牌的黄酒，其色、香、味也各不相同。如绍兴元红酒属于干型黄酒，绍兴加饭酒属于半干型黄酒，绍兴善酿酒属于半甜型黄酒，杭州西湖佳酿属于甜型黄酒，九江封缸酒属于浓甜型黄酒等，色泽多为白浊、浅绿、红黄、黑色等。

成品黄酒大都用煎煮法灭菌，用陶坛盛装，即可直接饮用，也便于久藏。另外，酒坛用无菌荷叶和笋壳封口，并用糠和黏土等混合加封泥头，封口既严密又便于开启，酒液在陶坛中进行后热，越陈越香。黄酒还能与可口可乐、雪碧等碳酸饮料兑饮，此种饮用方法香甜可口。

黄酒的营养丰富，含有 21 种氨基酸。人体自身不能合成而必须依靠食物摄取的 8 种必需氨基酸黄酒都具备，所含氨基酸量达 5 647mg/L，是啤酒的 5～10 倍，葡萄酒的 1.3 倍。所以 1972 年 7 月 1 日，在墨西哥召开的世界第九次营养食品会议上，黄酒被授予"液体蛋糕"的美称。

3. 啤酒

啤酒的典型特征表现在多方面。啤酒是一种原汁酒，含有谷物中丰富的营养成分、17 种人体所必需的氨基酸和 12 种维生素。在色泽方面，大致分为淡色、浓色和黑色 3 种，不管色泽深浅，均是清亮、透明、无浑浊现象；注入杯中时形成的泡沫，应洁白、细腻、持久、挂杯；有独特的酒花香味和苦味，淡色啤酒较明显，且酒体爽而不淡、柔和适口，而浓色啤酒苦味较轻，具有浓郁的麦芽香味，酒体比较醇厚；含有饱和溶解的二氧化碳，有利于啤酒的起泡性，应长时间保持其光洁的透明度，在规定的保存期内，不应有明显的悬浮物。

4. 果酒

果酒是以水果、果汁等为原料的酿造酒，以果实名称命名，如葡萄酒、山楂酒、石榴酒、苹果酒、荔枝酒等。果酒的特点是色泽娇艳、果香浓郁、酒香醇美、营养丰富。

第二节　营养配餐基本知识

随着社会经济的发展，人们的生活水平不断提高，尤其在我国进入小康社会后，人们的饮食观念已从"吃饱"转向"吃好"，开始考虑"吃什么"、"怎么吃"、"吃多少"等问题。怎样才能吃得科学，如何以膳食营养促进健康，已成为人们追求的目标。但由于对营养学知识的缺乏，人们往往不能真正了解自己是否"吃好"，许多人误认为"好吃"就是"吃好"，只要多吃肉、鱼、禽、蛋、奶等含蛋白质、脂肪的食物就算吃好。基于这种想法，富含脂肪的动物性食物被过分地食入，导致肥胖症、高血脂、糖尿病等与膳食营养摄入不当有关的疾病的发病率显著提高。因此，要讲究"吃好"，也就是要讲究合理营养，作为餐饮菜肴与酒水推销员，为了客人的健康，更好地推销产品，完成业绩，务必掌握关于营养配餐的知识，如平衡膳食、平衡膳食的要求、平衡膳食搭配技巧等知识，在推销菜肴和酒水时能根据不同的客人做到恰当地推荐菜肴与酒水。

要想做到营养配餐，关键是要平衡膳食，这是营养配餐的关键环节。

一、平衡膳食的概念

在自然界中，任何一种食物都不可能含人体所需的所有营养素，只有由多种食物构成的膳食，营养素才会种类齐全、数量充足，且比例适宜，才利于人体吸收利用，从而使人体在营养的需求与膳食供给之间建立起良好的平衡关系，达到合理营养的目的，这种科学的膳食，称为平衡膳食。平衡膳食能够满足人体生长发育和各种生理需要，以及劳动强度和生活环境的需要，并且在各种营养素间建立起营养生理上的平衡关系，其提供的能量和全部营养素的数量，称为合理营养。如果膳食中营养素之间的比例失调，不适应人体的生理需要，就会对人体健康造成不良影响，甚至导致患上某些营养性疾病或某些慢性病。

二、平衡膳食的要求

（一）平衡膳食的基本要求

（1）保证人体能量平衡。
（2）供给种类全面的营养素。
（3）满足营养素数量、比例的平衡。
（4）食物组成要全面。
（5）重视食物的合理搭配。
（6）重视合理烹调，减少营养素损失。

总之，平衡膳食是通过膳食人群的食物组成及个人每日、每月、每年实际摄入的食物来实现的。保证膳食平衡、营养、卫生、好吃、易于消化吸收，是维持机体良好的营养健康状态、改善亚健康营养状态的首要条件。

（二）我国居民每人每日平均摄入的食物种类及数量

我们知道食物可分为两类，一类是动物性食物，包括肉、鱼、禽、蛋、奶及其制品；另一类是植物性食物，包括谷类、薯类、蔬菜、水果、豆类及其制品、糖类和菌藻类。

不同种类食物的营养素不同。动物性食物、豆类含优质蛋白质；蔬菜、水果含维生素、矿物盐及微量元素；谷类、薯类和糖类含碳水化合物；食用油含脂肪；肝、奶、蛋含维生素A；肝、瘦肉和动物血含铁元素。

这些营养素之间既能相互配合，也能相互制约。如维生素C能促进铁的吸收；脂肪能促进脂溶性维生素A、D、E、K的吸收；微量元素铜能促进铁在体内的运输和储存；碳水化合物和脂肪能保护蛋白质，减少其消耗；而磷酸、草酸和植酸能影响钙、铁的吸收。所以只有吃结构合理的混合膳食，才能满足人们对食物营养的摄取。

平衡膳食应满足下列条件：

（1）一日膳食中各种营养素应品种齐全，包括供能食物，即蛋白质、脂肪及碳水化合物等；也包括非供能食物，即维生素、矿物质、微量元素及纤维素等。

（2）各种营养素必须满足儿童生长发育需要，不能过多，也不能过少。

（3）营养素之间比例应适当。如蛋白质、脂肪、碳水化合物的供热比例为1∶2.5∶4，优质蛋白质应占蛋白质总量的1/2～2/3，动物性蛋白质占1/3。三餐及点心供热的比例为早餐占30%左右，中餐占40%左右，晚餐占25%左右，午后点心占5%～10%。

（4）食物容易消化吸收。

中国居民每人每日平均摄入食物种类及数量，要根据进餐者的年龄、性别、生理状态、从事工种的劳动强度来设计，同时达到七个方面的指标，即膳食摄入量充足、品种多样，热量食物来源组成结构合理，热量营养素摄入量比值合理，产热营养素所提供的热量结构合理，蛋白质食物来源组成结构合理，脂肪食物来源组成结构合理以及各种营养素的摄入量均达到供给量标准。下面分别加以说明：

①膳食摄入量充足、品种多样。

表2-1　建议每人每日平均摄入食物种类及数量表

食物类别	品种数	摄入量（克）
粮谷类及薯类	3	400～500
干豆、鲜豆及豆制品	1	50～80
蛋及蛋制品	1	50
畜肉或禽肉	1～2	30～50
乳及乳制品	1	250
蔬菜及其制品	3～4	350～400
菌藻类食品	1	30～50
坚果类食品	1	20
植物油	1	15～20
食盐	1	10
水产品	1	50（一周一次）
动物内脏	1	50（一周一次）
水果	1～2	200

一般轻体力劳动者，每日约摄入20种各类食物1 500克左右，才能基本达到平衡膳食的要求。

②热量食物来源组成结构合理。

膳食中的热量主要来自四类食物，它们的组成结构建议为：

粮谷类食物提供热量　　　　　　　60%～70%

薯类食物提供热量　　　　　　　　5%～10%

豆类食物提供热量　　　　　　　　5%

动物性食物提供热量　　　　　　　20%～25%

其中豆类及动物食物所提供的热量要保证在30%左右。

③热量营养素摄入量比值合理。

碳水化合物、蛋白质、脂肪三种营养素被称为热量营养素，在膳食中三者的摄入量要保持合理的比例，才能组成合理的热量分配。碳水化合物、蛋白质、脂肪三者摄入量的比例建议为 $6.5:1:0.7$。

④产热营养素所提供的热量结构合理。

三种产热营养素所提供的热量比例建议为：

碳水化合物提供热量	60% ~70%
脂肪提供热量	20% ~25%
蛋白质提供热量	10% ~15%

⑤蛋白质食物来源组成结构合理。

植物性蛋白质约占	70%
动物性蛋白质约占	25%
豆类蛋白质约占	5%

其中动物性蛋白质及豆类蛋白质被称为优质蛋白质，两者之和应在 30% 以上。

⑥脂肪食物来源组成结构合理。

植物性脂肪约占	60%
动物性脂肪约占	40%

其中饱和脂肪酸（存在于动物脂肪中）所产的热量应占总热量的 10% 以下。

⑦各种营养素的摄入量均达到供给量标准。

对于不同人群，各种营养素的供给量标准不同，每日各种营养素的摄入量，在一个周期内（5~7 天）能平均达到标准供给量上下误差不超过 10% 即可。

三、常见膳食模式的特点

膳食模式（dietary pattern）是指人们摄入的主要食物种类和数量的组成。国家不同、地区不同、民族不同、饮食习惯不同，甚至经济条件不同，居民的膳食结构及食物消费类型均各不相同。根据平衡膳食的概念和当今世界膳食结构的特点，将膳食结构分成以下几类。

（一）平衡膳食模式

平衡膳食模式是以日本、新加坡为代表的居民膳食模式。它继承了东方国家以摄入谷类为主要热量来源的优良传统，又避免了欧美发达国家以动物性食物为主的营养弊端，合理地供给一定数量的动植物食品，以达到全面合理地摄取热能和各种营养素的目的，使膳食食物组成基本上属于平衡膳食。例如日本居民每日总热能摄入为 10.46MJ（2 500kcal）左右，脂肪热能占总热能百分比低于 30%，蛋白质摄入量为 80g 左右，其中动物性食物的优质蛋白达 48%，人均每年约消费谷类 110kg、动物性食物 135kg，其膳食结构基本符合平衡膳食的要求。

（二）不平衡膳食模式

1. 欧美膳食模式

欧美膳食模式是以欧美国家为代表的发达国家的膳食，动物性食物成为热能主要来源，每天摄入的总热能在 14.64MJ（3 500kcal）以上，脂肪占总能量百分比的 35% ~ 48%，蛋白质摄入量为 100g 左右，动物性蛋白占 50% 以上。每人每年的肉、蛋、奶消费量约为 270kg，而谷类的年消费量在 75kg 左右，是比较典型的"三高"型（即高脂、高蛋白、高热能）膳食结构。

2. 发展中国家膳食模式

发展中国家膳食模式是以非洲某些不发达国家处于贫困线以下的人群为代表的，每人平均热能摄入量不足 8.79MJ（2 100kcal），蛋白质所供热能低于总热能的 10%，每日摄入量不足 50g，碳水化合物所供热能占总热能的 76.6%，由于总热能摄入量不足，人体处于长期饥饿状态，每人每年的动物性食物消费量仅为 5kg 左右，奶类消费量为 38kg 左右，谷物薯类消费量为 150kg 左右，导致多数民众处于温饱线以下，表现出极度的营养不良，是比较典型的热能、蛋白质不足的膳食模式。

3. 其他膳食模式

这主要针对"纯素食"或"纯荤食"，或个人"偏食"的膳食人群，尽管这类人群的热能需要能够得到满足，但由于长期饮食习惯和食物组成的不合理，有可能导致膳食中一种以上营养素的缺乏或过多，给人体的健康带来危害。例如长期吃"纯素食"有可能导致维生素 A 等脂溶性维生素、钙及微量元素、优质蛋白等营养素摄入量的不足，同时过量膳食纤维的摄入，又有可能导致钙、微量元素及维生素等营养素吸收利用率的降低。

四、我国膳食结构的特点

（一）我国膳食结构

我国膳食结构的特点是以植物性食物为主，谷类占摄入食物总量的 60% ~ 80%，并且占总热能的 70% 左右；而动物性食物所提供的热能仅占 8% 左右，因此我国膳食模式被称为高谷类膳食或高碳水化合物型膳食模式。

（二）我国膳食结构的改进

随着我国人民生活水平的提高，宣传和改进我国传统的膳食结构势在必行。也就是在上面食物组成的基础上，作以下改进：首先把主食米、面供给量降低至 400g/d，适量增加杂粮或豆类，总量不超过 100g/d；每天增加一个蛋、半斤牛奶（或相当于 30g 干大豆的豆制品）；把肥瘦肉改成瘦肉，在肉类的品种上，增加水产品、海产品及禽肉。

我国膳食结构仍然应考虑以下几方面的改进。

1. 发扬我国膳食构成的长处

我国传统膳食以谷类为主，同时发展肉、蛋、奶和水产品的生产，增加动物性食品的消费量；开发利用植物蛋白质新资源，特别是大豆蛋白质，提高我国居民每日膳食蛋白质的整体质量。

2. 调整动物性食物结构

必须调整动物性食物结构，尽量品种多样化，增加乳、蛋、禽、鱼、海产品等，这是"以质补量"，优化内陆地区居民的膳食质量的重要措施。海产品、乳制品营养价值一般都高于或优于非海产品和豆类食品。对于那些经济条件好，或已经达到小康水平的居民及家庭，首先应当把鲜活海产品、乳制品引入日常膳食和家庭餐桌上，而不是以尽早享用高档酒、烟、饮料、化妆品、汽车等为时尚，切莫将健康与享乐本末倒置。

3. 开发具有特殊营养和生物功能的食品资源

让具有营养和食疗保健功能的如魔芋类、乳酸菌等发酵乳类、菌类、蜂蜜类、花粉类、黑色食品进入餐厅和家庭，提高我国膳食食物的营养价值和保健功能。

4. 针对特殊人群开发营养强化食品和保健食品

例如针对老人、幼儿开发优质蛋白、富钙、富铁、富锌、富硒、富维生素 A、富维生素 D 等营养强化食品、母乳化食品等；针对特殊人群开发宇航员食品、学生奶、学生营养餐等；针对病人开发素膳、降血糖、降血脂、降胆固醇、高膳食纤维保健食品等。

5. 开发野生动植物食品

这是近几年发展很快的种植业，又称"新特原料"。把某些野生动、植物变成家养动物和种植原料，既开发了新食品，又挽救了某些稀有动、植物，在国家政策允许范围内将它们变为美味佳肴，造福于人类。

6. 变废弃原料为新食品资源

将某些营养价值高、可以再利用的废弃原料，例如粮谷类加工中的米糠、麦麸、某些种子或果实等开发成胚芽食品或果肉食品，骨、血、豆渣等废弃原料都可开发利用。

五、我国平衡膳食宝塔

膳食指南（Dietary Guideline）或称膳食指导方针、膳食目标，是根据营养学原则结合国情而提出的一个通俗易懂、简明扼要的合理膳食的指导性意见。我国有《中国居民膳食指南》和《特定人群膳食指南》，它们对指导人民采用平衡膳食获取合理营养和促进身体健康提出了指导性建议。

1997 年 4 月中国营养学会常务理事会通过并正式公布，再行修改后的我国的膳食指南，可用简明通俗的语言概括成 8 点：①食物多样，谷类为主；②多吃蔬菜、水果和薯类；③常吃奶类、豆类及其制品；④经常吃适量的鱼、禽、蛋、瘦肉，少吃肥肉和荤腥；⑤食量与体力劳动要平衡，保持适宜体重；⑥吃清淡少盐的膳食；⑦饮酒应适量；⑧吃清洁卫生、不变质的食物。

中国居民平衡膳食宝塔（简称"平衡膳食宝塔"）是根据中国居民膳食指南结合中国居民的膳食结构特点设计的。它把平衡膳食的原则转化成各类食物的重量，用比较直观的宝塔形式表现出来，便于群众理解和在日常生活中实行。

（一）平衡膳食宝塔的内容

平衡膳食宝塔共分五层（见图 1－2－1），包含我们每天应吃的主要食物种类。宝塔各层位置和面积不同，这在一定程度上反映出各类食物在膳食中的地位和应占的比重。

图 1-2-1　平衡膳食宝塔食物组成

1. 底层

谷类食物是米、面和杂粮的总称，每人每天应吃 250～400g。米面为主，其中搭配的杂粮每日总量不宜超过谷类总量的 1/3，它们是膳食中能量的主要来源。加工的谷类食品，如面包、烙饼、切面等应折合成相当的面粉量来计算。

2. 第二层

蔬菜和水果，每人每天应吃 300～500g 的蔬菜和 200～400g 的水果，品种为三个以上。其中每日应当保证 1/2 的蔬菜和水果是深色蔬菜、叶菜和水果。蔬菜和水果是两类食物，各有优势，不能完全相互替代。尤其是儿童，不可只吃水果而不吃蔬菜。蔬菜、水果的重量按市售重量计算。

3. 第三层

鱼、禽、肉、蛋等动物性食物，每人每天应吃 125～225g（其中鱼虾类 50～100g，畜、禽、肉类50～75g，蛋类 25～50g）；鱼、虾及其他水产品脂肪含量很低，有条件的话可以多吃一些；肉类包含畜肉、禽肉及内脏，重量是按屠宰清洗后的重量来计算。这类食物尤其是猪肉，脂肪含量较高，不宜吃得过多。蛋类的胆固醇含量相当高，一般每天不超过一个蛋为好。

4. 第四层

奶类和豆类食物，每人每天应吃奶类及奶制品 100g 和豆类及豆制品 50g。平衡膳食宝塔建议的 100g 奶类及奶制品按蛋白质和钙的质量分数大约折合成鲜奶 200g 或奶粉 28g，奶类应是首选的补钙食物，很难用其他食物代替；豆类及豆制品包括许多品种，50g 是个平均值，可折合为大豆 40g 或豆腐干 80g。

5. 塔尖

精纯食品，油脂类每天不超过25g。儿童、青少年、老人应当适量摄入精纯食用糖及高糖食品，建议成人食用糖最好每日少于20g，每日食用盐最好少于10g。

（二）平衡膳食宝塔的应用

（1）确定每人每日膳食食物组成。

（2）同类互换，调配丰富多彩的膳食。

在膳食中食物互相替换，可遵循同类互换、多种多样的原则调配一日三餐，例如以粮换粮、以豆换豆、以肉换肉；大米可与面粉或杂粮互换；馒头可以和相应量的面条、烙饼、面包等互换；大豆可与相当量的豆制品或杂豆类互换；牛奶可与羊奶、酸奶、奶粉或奶酪互换。

（3）合理分配三餐食量。

（4）因地制宜，充分利用当地资源。

（5）养成习惯，长期坚持。

六、食谱编制与合理配菜

（一）食谱的编制

1. 食谱的概念

食谱是将能达到合理营养的食物科学地安排至每日各餐中的膳食计划。即按照《中国居民膳食营养素参考摄入量》的标准，合理安排每日膳食，以每日膳食计划的"日食谱"为基础，进而设计并编制出"周食谱"、"半月食谱"、"月食谱"，从而有目的、有计划地安排和调节每餐食物的膳食计划。

2. 食谱设计的原则

①能满足进餐者对能量、营养素的全面需要；②按照推荐摄入量（Recommended Nutrient Intakes，RNI）计算并设计每日主要食物组成；③合理分配三餐进食量和能量；④编制简明科学的膳食计划；⑤针对不同膳食人群的饮食习惯列出具体的加工烹调的实施方法；⑥考虑季节、市场供应，兼顾经济条件等，科学设计食谱。

3. 食谱编制的方法

食谱编制的常用方法有三种，即食物代量搭配法（又称计算法）、食品交换份法和电子计算机法。

（二）合理配菜的营养原则

1. 合理配菜的原则

（1）掌握主要烹饪原料的营养价值特点。

（2）重视具有特殊营养价值的原料选择。

（3）不可忽略具有生物活性的原料的应用。

（4）多选择海产品和乳制品。

（5）根据进餐者的营养需要选择原料。

（6）根据进餐者的口感需求、经济条件、饮食习俗来选择原料。

（7）原料选择多样化。

2．烹饪原料的合理搭配

（1）主食和副食的合理搭配。

（2）荤素搭配。动物性食物又称荤食，植物性食物又称素食，荤素搭配有利于营养素之间相互取长补短。

（3）呈酸性食物和呈碱性食物的合理搭配。呈酸性食物在饮食中容易超过需要的数量，因为人们的主食属于呈酸性食物，若再长期吃动物性食物吃得多，就易导致血液偏酸性。为了避免体液 pH 值偏低，机体必须用相应的碱去中和过多的酸，并将其排出体外。而人体内的碱是有限的，血液偏酸严重者可导致人体酸中毒。所以，在膳食中必须注意呈酸性食物和呈碱性食物的适当搭配，尤其要控制呈酸性食物的摄入比例，这就能保持生理上的酸碱平衡和营养素的充分利用。

表 2-2　常见的酸性食物酸度表

名称	酸度	名称	酸度	名称	酸度
猪肉	-5.60	糙米	-10.60	牡蛎	-10.40
牛肉	-5.00	面粉	-6.50	精白米	-11.67
鸡肉	-7.60	花生	-3.00	大麦	-2.50
蛋黄	-18.80	鲤鱼	-6.40		

表 2-3　常见的碱性食物碱度表

名称	碱度	名称	碱度	名称	碱度	名称	碱度
大豆	+2.20	萝卜	+9.28	土豆	+5.20	海带	+14.60
豆腐	+0.20	胡萝卜	+8.32	洋葱	+2.40	西瓜	+9.40
扁豆	+5.20	黄瓜	+4.60	南瓜	+5.80	苹果	+8.20
菠菜	+12.00	藕	+3.40	茶（1 L 水）	+8.89	梨	+8.40

（三）筵席设计的营养原则与方法

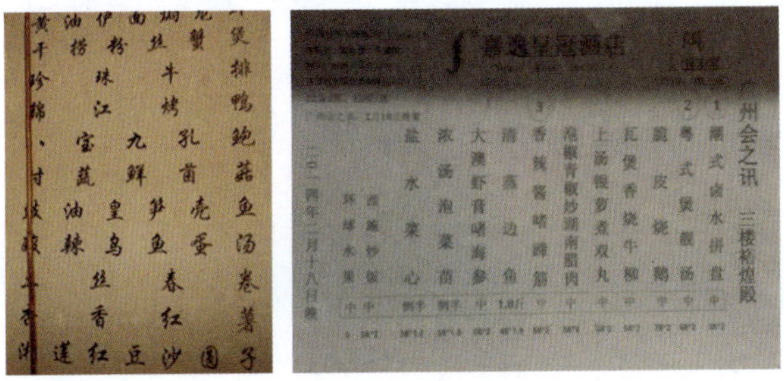

图 1-2-2　筵席菜单

筵席是中国烹饪工艺技术和艺术的最高表现形式，它具有丰富的内涵和外延，深受进餐者的喜爱，但也有不足和值得改进的地方。

1. 筵席设计的营养原则

（1）筵席的营养特点。

传统的中式筵席属于典型的高脂肪、高蛋白、高热能的不平衡膳食，食物的组成、菜点组合远远超出平日的摄入量。筵席是以价钱高低来定格局、选原料，以量多、丰盛为特点；食物和营养素过剩，浪费严重；食物组合不科学，动物性食物偏多；以"聚餐式"的进餐方式为主，不卫生。改革传统进餐方式应当从改革筵席开始。

（2）筵席设计的营养原则。

正确控制入席者热能的需要及产热营养素的热比值，是筵席设计的营养原则。也就是说，在保持筵席传统格局的前提下，控制能量及热比值，尽量减少食物和营养素的浪费。

2. 筵席设计的方法

（1）控制能量及热比值。

（2）计算筵席的主要食物组成。

（3）尽量减少食物和营养素的浪费。

（4）菜点组合要科学。

（5）重视菜点色、香、味、形、器的配合。

（6）改善就餐环境和进餐方式。

（7）用机械化的配套生产逐步代替传统落后的手工作坊式操作，让中式筵席中的名、优、特菜点能够进行标准化的批量生产，促进中式筵席的发展。

图 1 - 2 - 3　筵席

（四）套餐、快餐设计的营养原则与方法

1. 套餐设计的营养原则

根据进餐者的营养需要，按食品特色或劳动强度需要，或按生理特点设计烹制一份食物组合套餐。

2. 套餐设计的方法

（1）按餐次每人每份进行食物配制。

（2）配制特色套餐，例如小吃套餐、汉堡套餐、空中旅客套餐等，并标示营养成分和价格。

（3）重点发展中小学生、大学生的营养套餐。

（4）为特殊人群设计套餐。

（5）机械化批量生产。

3. 方便食品的营养设计原则

方便食品一般指经烹调加工已基本完成，食用前不需再加工烹调或稍加处理即可食用，且便于运输、保存和携带的食品。营养方便食品是根据正常人体热量及营养素的需要来设计的，每一种方便食品所含营养成分必须标准化，能方便进餐者按自己对热能、营养素、口味的需求进行选择。

方便食品基本可分为三大类：

一是干燥或粉状的快餐食品，如快餐面、快餐饭、快餐咖啡、快餐奶粉、快餐营养粉等。这些食品加水浸泡或略加热煮沸后，即可食用。

二是罐头类食品和以塑料薄膜夹铝箔做成的薄形袋装食品。此种食品食用方便，便于运输和携带，可根据不同工种、不同环境条件和不同生理需求进行营养配餐，常用于部队训练、边防、高山、野外等特殊工种的营养方便餐。

三是各种烹调成熟的成品或半成品，如包子、饺子、点心、营养盒饭等，一般放在低温冰箱（-20℃左右）内保存，一经加热即可食用；或者放在保温箱中取出来便可食用。还可以开设快餐馆或营养餐厅，方便人们快速进餐，并且获得某方面的营养需要。

七、平衡膳食搭配技巧

我们的日常膳食最讲究的是营养均衡、搭配得当。从现代营养科学观点来看，很多食物的搭配都有一定的技巧，有的食物会相生，但有的会相克。因此，我们要做到正确地搭配食物。

（1）粗细粮相配。日常饮食中增加粗粮有助于预防糖尿病、老年斑、便秘等，而且还有助于减肥。

（2）主副食相配。日常饮食中应将主食和副食统一起来。

（3）干稀相配。冬季进补的理想食物：当归生姜羊肉汤；利水渗湿佳品：赤小豆炖鲤鱼汤；催乳佳品：茭白泥鳅豆腐羹；益智佳品：黑芝麻糊及《红楼梦》中涉及的6种粥（红稻米粥、碧粳粥、大枣粥、鸭子肉粥、腊八粥及燕窝粥），还有敦煌艺术宝库中发现的"神仙粥"（由芡实、山药和大米组成）等均为干稀相配的典型代表。

（4）颜色相配。食物颜色一般分为白、红、绿、黑和黄5种颜色，一日饮食中应兼顾上述5种颜色的食物。

（5）营养素相配。人体内容易过量的是脂肪、碳水化合物和钠；容易缺乏的是蛋白质、维生素、部分无机盐、水和膳食纤维素。高蛋白质、低脂肪的食物有鱼虾类、兔肉、蚕蛹、莲子等；富含维生素、无机盐、膳食纤维素的食物有蔬菜水果类和粗粮等；水是一种重要的营养素，每人每日应饮用4杯以上的水。

（6）酸碱相配。食物分为呈酸性食物和呈碱性食物，主要是根据食物被人体摄入后，最终使人体血液呈酸性还是碱性区分的。近些年来，因肉类食品摄入过多，致使血液酸化，引发富贵病的现象，应引起重视。

（7）生热相配。吃生、吃活现已成为一种时尚。吃生的蔬菜瓜果、鲜虾、银鱼等可以摄入更多的营养素，但吃生、吃活必须注意食品卫生。

（8）皮肉相配。连皮带肉一起吃渐成时尚。如小蜜橘、大枣、花生米等带皮一起吃营养价值更高。

（9）性味相配。食物分四性五味。四性是指寒、热、温、凉；五味是指辛、甘、酸、苦、咸。根据"辨证施膳"的原则，不同疾病应选用不同性味的食物，一般原则是"热者寒之，寒者热之，虚则补之，实则泻之"。根据"因时制宜"的原则，不同季节应选用不同性味的食物，如冬季应选用温热性食物，像羊肉、鹿肉、牛鞭、生姜等，尽量少吃寒凉性食物。五味也应该相配起来，不能光吃甜的而不吃苦的。

（10）烹调方法相配。常用的烹调方法有蒸、炖、红烧、炒、熘、氽、炸、涮等。单一的烹调方法，如烧、炸、炒容易引起肥胖，应多选用氽、蒸、涮等烹调方法。

（11）常见饮食的质量相配。从现代营养科学观点看，两种或两种以上的食物，如果搭配合理，不仅不会"相克"，而且还会"相生"，起到营养互补、相辅相成的作用。

①芝麻配海带：海带、芝麻同煮能起到美容、抗衰老的作用。

图1-2-4　芝麻配海带

②猪肝配菠菜：猪肝、菠菜都具有补血的功能，一荤一素，相辅相成，对治疗贫血有奇效。

图 1 - 2 - 5　猪肝配菠菜

③糙米配咖啡：把糙米蒸熟碾成粉末，加上牛奶、砂糖就可饮用。糙米营养丰富，对医治痔疮、便秘、高血压等有较好的疗效；咖啡能提神，拌以糙米，更具风味。

图 1 - 2 - 6　糙米配咖啡

④牛肉配土豆：牛肉营养价值高，并有健脾胃的作用。土豆与之同煮，不但味道好，且土豆含有丰富的维生素，能起到保护胃黏膜的作用。

图1-2-7　牛肉配土豆

⑤百合配鸡蛋：其有滋阴润燥、清心安神的功效。中医认为，百合清痰水、补虚损，而蛋黄则能除烦热、补阴血，二者加糖调理，效果更佳。

图1-2-8　百合配鸡蛋

⑥羊肉配生姜：羊肉补阳生暖，生姜驱寒保暖，相互搭配，暖上加暖，同时还可治寒、止腹痛。

图1-2-9　羊肉配生姜

⑦甲鱼配蜜糖：其含有丰富的蛋白质、脂肪、多种维生素，并含有辛酸、苯多酸、硅酸等，实为不可多得的强身剂，对心脏病、肠胃病和贫血均有疗效，还能促进生长，预防衰老。

图1-2-10　甲鱼配蜜糖

⑧鸭肉配山药：老鸭既可补充人体水分，又可补阴，并可清热止咳；山药的补阴效力更强，与鸭肉共食，可消除油腻，补肺效果更佳。

图1-2-11　鸭肉配山药

⑨鲤鱼配米醋：鲤鱼本身有涤水之功，祛人体湿肿；米醋有利湿的功能，与鲤鱼共食，利湿的功能倍增。

图 1 – 2 – 12　鲤鱼配米醋

⑩肉类配大蒜：据研究，维生素 B 在人体内停留的时间很短，吃肉时吃点大蒜，能延长维生素 B 在人体内的停留时间，对促进血液循环以及尽快消除身体疲劳、增强体质等都有重要营养意义。因此，吃肉的时候，别忘了吃几瓣大蒜。

图 1 – 2 – 13　肉类配大蒜

第三节　推销基本知识

一、推销的概念、主要要素、特点与功能

（一）推销基本概念

推销是一个古老的名词，是人们所熟悉的一种社会现象，它伴随着商品交换的产生而产生，伴随着商品交换的发展而发展。它是现代企业经营活动中的一个重要环节，渗透在人们的日常生活之中。推销就其本质而言，是人人都在做的事情。人类要生存，就要交流，而正是在交流中彼此都展示着自身存在的价值。世界首席保险推销员齐藤竹之助在几

十年的实践中总结出的经验是"无论干什么都是一种自我显示，也就是一种自我推销"。

但由于历史和现实的原因，有些人对推销有着种种误会和曲解，甚至形成了习惯性的思维，总是把推销与沿街叫卖、上门兜售以及不同形式的减价抛售联系在一起；对于推销人员，则认为他们唯利是图，不择手段。这种错误的认识，使人们忽视了对推销活动规律的探讨和研究，也影响了一支优秀职业推销队伍的建立。因此，正确认识推销，是熟悉推销业务、掌握推销技巧的前提。

随着社会的变迁，推销的含义也在不断地演变。在社会发展的不同阶段，人们会对推销有着不同的理解和认识。

从字面意义上讲，"推"意指推动，促进；"销"意指目的，主张，建议；"推销"则意指采用一系列的外力去推动实现自我主张的行为。

从广义上讲，推销是指一个活动主体试图通过一定的方法和技巧，使特定对象接受某种事物和思想的行为过程。

狭义的推销是指商品交换范畴里的推销，即商品推销。它是指推销人员运用一定的方法和技巧，帮助顾客购买某种商品和劳务，以使双方的需要得到满足的行为过程。

（二）推销基本要素

任何企业的商品推销活动都少不了推销人员、推销品和顾客，即推销主体、推销客体和推销对象，这三者构成了推销活动的基本要素。商品的推销过程，是推销员运用各种推销技术，说服推销对象接受一定推销品的过程。

1. 推销人员

推销人员是指主动向推销对象销售商品的推销主体，包括各类推销员。在推销的三个基本要素中，推销人员是最关键的。在销售领域中，有一个最大的误解，那就是许多推销员以为他们卖的是产品。其实不然，真正的推销不是推销产品，而是推销自己。推销成功与否，往往取决于你的服务精神和态度，因为你是世界上独一无二的，只有顾客喜欢你的为人、个性、风格，他才会购买你的产品。尽管说"每个人都是推销员"，但对职业化的推销员来讲，推销具有更丰富的内涵。在观看美国职业男篮——NBA球赛时，我们会体会到"什么是真正的篮球运动"，并赞叹他们娴熟、超人的技巧。对于职业推销员而言也是一样的，只有以特有的技能赢得客户的信任与赞誉，才能展现其存在的社会价值。

2. 推销品

所谓推销品，是指推销人员向推销对象推销的各种有形与无形商品的总称，包括商品、服务和观念。推销品是推销活动中的客体，是现代推销学的研究对象之一。因而，商品的推销活动，是对有形商品与无形商品的推广过程，是向顾客推销某种物品的使用价值的过程，是向顾客实施服务的过程，是向顾客宣传、倡议一种新观念的过程。

3. 推销对象

依据购买者所购推销品的性质及使用目的，可把推销对象分为个体购买者与组织购买者两个层次。个体购买者接受或购买某种推销品是为了个人或家庭成员消费使用；而组织购买者接受或购买某种推销品，是为了维持组织日常生产加工、转售或开展业务的需要，通常有赢利或维持正常业务活动的动机。由于推销对象的特点不尽相同，因而采取的推销对策也有差异。

现代的商品推销少不了推销员（推销主体）、推销品（推销客体）及顾客（推销对象）三个基本要素，如何实现三者之间的协调，保证企业销售任务得以完成，顾客实际需求得以满足，是广大推销员应该把握的问题。

（三）推销主要特点

推销是一项专门的艺术，需要推销人员巧妙地融知识、天赋和才干于一身，无论是人员推销还是非人员推销，在推销过程中都要灵活运用多种推销技巧。推销活动的主要特点如下。

1. 特定性

推销是企业在特定的市场环境中为特定的产品寻找买主的商业活动，必须先确定谁是需要特定产品的潜在顾客，然后再有针对性地向推销对象传递信息并进行说服。因此，推销总是有特定对象的。任何一位推销员的任何一次推销活动，都具有这种特定性。他们不可能漫无边际或毫无目的地寻找顾客，也不可能随意地向毫不相干的人推销商品，否则，推销就成为毫无意义的活动。

2. 双向性

推销并非只是由推销员向推销对象传递信息的过程，还是信息传递与反馈的双向沟通过程。推销人员一方面向顾客提供有关产品、企业及售后服务等方面的信息，另一方面必须观察顾客的反应，调查了解顾客对企业产品的意见与要求，并及时反馈给企业，为企业领导作出正确的经营决策提供依据。因此，推销是一个信息双向沟通的过程。

3. 互利性

现代推销是一种互惠互利的双赢活动，必须同时满足推销主体与推销对象双方的不同要求。成功的推销需要买卖双方都有积极性，其结果是"双赢"，不仅推销的一方卖出商品，实现赢利，而且推销对象也满足了自身需求，带来了多方面的利益。这样的推销，既达成了今天的交易，也为将来的交易奠定了基础。

4. 灵活性

虽然推销具有特定性，但影响市场环境和推销对象需求的不确定性因素很多，环境与需求都是千变万化的。推销活动必须适应这种变化，灵活运用推销原理和技巧，恰当地调整推销策略和方法。可以说，灵活机动的战略战术，是推销活动的一个重要特征。

5. 说服性

推销的中心是人不是物，说服是推销的重要手段，也是推销的核心。为了争取顾客的信任，让顾客接受企业的产品，采取购买行动，推销人员必须将商品的特点和优点耐心地向顾客宣传、介绍，促使顾客接受推销人员的观点、商品或劳务。

（四）推销主要功能

商品推销作为一种社会经济活动，是伴随着商品经济一起产生和发展的。可以说，推销是商品经济活动中一个必不可少的组成部分，对推动商品经济的发展起到积极的作用。推销作为一种企业行为，更是决定着企业的生死存亡。这些都是由推销本身所具有的功能所决定的。商品推销的功能可以归纳为以下几个方面。

1. 销售商品

销售商品是推销的基本功能。推销是商品由推销人员向推销对象运动的过程。在这个过程中，推销商品运动是作为推销主体和推销对象双方各自需求得以实现的具体方式。通过寻找顾客、接近顾客、推销洽谈，进而达成交易，实际上就是实现商品所有权的转移，完成了商品销售。

就推销过程而言，寻找、接近顾客是销售商品的前提。在正式接近顾客之前，首先要分析潜在顾客的有关资料，了解潜在顾客的需求，掌握顾客未被满足的需求及其购买能力。在充分掌握资料的基础上，有针对性地选用各种接近顾客的方法，并以从容、诚恳、充满自信的态度去面对顾客。使顾客明确推销品能满足他的需要，为他带来利益，并通过推销人员对推销品的介绍，使他感到购买推销品是一种机会，从而引起购买欲望，形成购买决策。其次，推销洽谈是销售商品的关键。在洽谈过程中，一方面要进一步向顾客提供其所需的信息；另一方面，要有针对性地就商品价格、销售方式等敏感问题进行洽谈，力求找到双方利益的共同点；同时，还要善于处理洽谈过程中的异议和矛盾，及时消除误会，避免冲突。

达成交易是销售商品的目的。推销人员要把握好时机，针对不同的推销对象，灵活地选用不同的推销方法，迅速地达成交易，以达到销售商品的目的。

2. 传递商品信息

由于科学技术的进步和生产的发展，现今市场上的商品种类繁多，新产品更是层出不穷，顾客面对市场，常常眼花缭乱。他们需要得到有关的商品信息，以便比较、评价和选择满意的商品。推销不仅要满足顾客对商品的需要，也要满足顾客对商品信息的需要，及时地向顾客传递真实、有效的信息。

推销人员向顾客传递的商品信息主要有：

（1）商品的一般信息。它是指有关商品的功效、性能、品牌、商标、生产厂家等有关信息，告知顾客某种商品的存在。

（2）商品的差别优势。它是指商品在同类中所处的地位及特殊功能。要针对不同顾客的需要，突出宣传所推销商品的某些特征，以便在顾客心目中树立产品形象。

（3）商品的发展信息。它是指有关商品的发展动态，如新材料的运用、新产品的开发以及老产品改进等信息，用以引导顾客接受新产品。

（4）商品的经营信息。它是指有关商品的销售价格、经营方式、服务措施、销售地点等信息，以方便顾客购买。

3. 提供服务

推销不仅是把商品销售给顾客，而且是通过提供各种服务，帮助顾客解决各种困难和问题，满足顾客多层次、多方面的需求。通过服务，提高了顾客的满意度，从而建立起企业和产品的良好信誉。

在推销过程中，企业和推销人员为顾客提供的服务有：

（1）售前服务。它是指在销售前为顾客提供信息咨询或培训的服务。

（2）售中服务。它是指在销售过程中为顾客提供热情接待、介绍商品、包装商品、送货上门、代办运输等服务。

（3）售后服务。它是指为顾客提供售后的安装、维修、包退、包换、提供零配件、处理顾客异议等服务。

企业和推销人员通过提供各种服务，赢得顾客的信赖，提高企业的声誉，有利于进一步巩固市场，为开拓新产品打下基础。

4. 反馈市场信息

现代推销过程是一个供求信息的双向沟通过程。推销人员是企业通往市场的桥梁，是企业联系市场的纽带，是企业获取情报的重要渠道。他们直接与市场、顾客接触，能及时、准确地收集市场信息。

推销人员向企业反馈的市场信息主要有：

（1）顾客信息。例如，顾客对推销品及其企业的反映，顾客的需求、购买习惯、购买方式及经济状况等。

（2）市场需求信息。例如，推销品的市场需求状况及发展趋势，推销品在市场中的优劣态势等。

（3）竞争者信息。例如，竞争者商品的更新状况、销售价格、质量、品种规格以及竞争者促销手段的变化等。

二、推销基本心理与基本技巧

（一）察言观色辨心理——一眼看透客户的心

推销的过程就是推销员与客户之间感情较量的过程，推销员只有找到进入客户感情世界的捷径与切入点，准确地把握客户的心理才能使推销工作更加顺利地进行。所以，学会察言观色，解读客户的心理是每一个推销员的必修课。只有了解客户的心理，才能顺势而为，有效地打动"上帝"，从而给自己带来更好的收益。

（二）消除客户的疑虑——突破客户的心理防线

在推销过程中，许多客户都会对推销的商品心存疑虑。这是心与心之间的一条鸿沟，只有填平它，推销才能成功走向交易的彼岸；反之，它将成为推销中的障碍。所以，优秀的推销员总是善于消除客户的疑虑，正视并巧妙地突破客户的心理防线，最后成功签单。

（三）情感营销赢得客户——用心赢得客户的心

推销不是简单的利益获取，而是一项持续长久的工作。它要求推销员既能开拓新客户，也能维护老客户。这就要求推销员要懂得与客户交朋友，用自己的真心、诚心、耐心来发现和满足客户的心理需求，从而最大限度地刺激客户的购买欲望，使推销走上坦途。

（四）好口才——把话说到客户的心窝里

好的口才不仅是会说话的标志，它更是知识和智慧的体现。尤其是对于推销员而言，好口才从某种程度上来说就是推销员的生命线。推销员只有练就一副好口才，才有可能化腐朽为神奇，把话说到客户的心里去，使客户心甘情愿地掏腰包。

（五）好手段——促使客户成交的攻心术

在推销的过程中，推销员的目的虽然很明确，那就是推销自己的产品，但是如果没有一定的推销技巧，即使对客户的心理很了解，也难以迅速达成交易。所以在推销的过程中让客户产生危机感，找到让客户兴奋的关键点就显得尤为重要。要知道，对于推销员来说，把握客户的心理，懂得攻心，促成交易才是硬道理。

（六）好眼光——不放过每一个心理的细节

老子说："天下难事，必作于易；天下大事，必作于细。"对于推销员而言，只有不放过推销过程中的每一个细节，并把细节做得更完美，才可能获得推销的成功。尤其是在推销无法单纯靠常规推销技巧取胜的时候，细节的较量就尤为重要。所以，要成为顶级推销员，不要忽视细节，你要拥有好眼光，准确地把握推销中的每一个细节。

（七）推销要有好的心理素养——推销产品先推销自己

推销是直接与人打交道的工作，推销员的个人形象在极大程度上影响着交易的成败。所以，推销员在推销商品之前，更要懂得推销自己。有人说："三流推销员推销产品，一流推销员推销自己。"在推销中，你要懂得塑造良好的形象，把自己最好的一面展示给客户，使客户对你产生好感从而由衷地信赖你。

（八）推销员必备的心理素质——怕丢面子就干不了推销

众所周知，怕丢面子就干不了推销。拥有良好的心态，推销员才能不畏挫折、不怕失败，才能取得成功。作为一名推销员，只有永远保持高度的自信，主动地出击、不拖延，以平常心看待成败，把每一次失败都当作是提升自己、完善自己的机会，才能百折不挠，才能成为一名优秀的推销员。

（九）推销不要闯心理雷区——成功推销的十大禁忌

在推销中，风险与机遇并存。很多推销员为了实现成交这个目的，坚持不懈地努力，抓住了许多稍纵即逝的机遇，却往往不慎踩上了推销中的心理地雷，使得之前的努力功亏一篑。

推销人员在与顾客谈话的过程中，要注意哪些说话技巧呢？我们说，沟通要有艺术，良好的口才可以助你事业成功，良性的沟通可以改变你的人生。所以，我们与顾客交流时，要注意管好自己的嘴，用好自己的口才，要知道什么话应该说，什么话不应该讲。下面就向大家说说谈话"十忌"。

1. 忌争辩

推销人员在与顾客沟通时，时刻不要忘记自己的职业、身份是什么。要知道与顾客争辩解决不了任何问题，只会招致顾客的反感。如果刻意地去和顾客发生激烈的争论，即使你占了上风，赢得了胜利，把顾客驳得哑口无言、面红耳赤、无地自容，你快活了、高兴了，但你得到的是什么呢？是失去了顾客、丢掉了生意。

2. 忌质问

推销人员与顾客沟通时，要理解并尊重顾客的思想与观点，切不可采取质问的方式与顾客谈话。用质问或者审讯的口气与顾客谈话，是推销人员不懂礼貌的表现，是不尊重人的体现，是最伤害顾客的感情和自尊心的。记住！如果你要想赢得顾客的青睐与赞赏，就不要用质问的方式与顾客谈话。

3. 忌命令

推销人员在与顾客交谈时，展露一点微笑，态度和蔼一点，说话轻声一点，语气柔和一点，要用征询、协商或者请教的口气与顾客交流，切不可采取命令和批示的口吻与人交谈。永远记住一条——你不是顾客的领导和上级，你无权对顾客指手画脚、下命令或下指示。

4. 忌炫耀

当与顾客沟通谈到自己时，要实事求是地介绍自己，稍加赞美即可，万万不可忘乎所以、得意忘形地自吹自擂、自我炫耀自己的出身、学识、财富、地位以及业绩和收入等。这样就会人为地造成双方的隔阂和距离。要知道人与人之间，脑袋与脑袋是最近的；而口袋与口袋却是最远的。记住！你的财富，是属于你个人的；你的地位，是属于你单位的，是暂时的；而你的服务态度和服务质量，却是属于你的顾客的，是永恒的。

5. 忌直白

俗语道："打人不打脸，揭人不揭短。"我们在与顾客沟通时，如果发现他在认识上有不妥的地方，也不要直截了当地指出，说他这也不是，那也不对。一般的人最忌讳在众人面前丢脸、难堪，所以说话时要忌讳直白。康德曾经说过："对男人来讲，最大的侮辱莫过于说他愚蠢；对女人来说，最大的侮辱莫过于说她丑陋。"我们一定要看交谈的对象，做到言之有物，因人施语，要把握谈话的技巧、沟通的艺术，要委婉地提出忠告。

6. 忌批评

我们在与顾客沟通时，如果发现他身上有些缺点，我们也不要当面批评和教育他，更不要大声地指责他。要知道批评与指责解决不了任何问题，只会招致对方的怨恨与反感。与人交谈要多用感谢词、赞美语；要多言赞美，少说批评；要掌握赞美的尺度和批评的分寸；要巧妙批评，旁敲侧击。

7. 忌专业

在推销产品时，一定不要用专业术语。比如推销保险产品时，由于在每一个保险合同中，都有死亡或者是残疾的专业术语，中国的老百姓大多忌讳谈到死亡或者残疾等字眼，如果你不加顾忌地对顾客讲这样的话，可能会招致对方的不快。

8. 忌独白

与顾客谈话时要鼓励对方讲话，通过他的说话，我们可以了解顾客个人的基本情况。切忌推销人员一个人在唱独角戏，自说自话。

9. 忌冷淡

话贵情真。与顾客谈话，态度一定要热情，语言一定要真诚，言谈举止都要流露出真情实感，要热情奔放、情真意切。俗语道："感人心者，莫先乎情。"这种"情"是推销人员的真情实感，只有你用自己的真情，才能换来对方的感情共鸣。在谈话中，冷淡必然带来冷场，冷场必定使业务泡汤。

10. 忌生硬

推销人员在与顾客说话时，声音要洪亮，语言要优美，要抑扬顿挫、节奏鲜明，语音有厚有薄，语速有快有慢，语调有高有低，语气有重有轻。要有声有色，有张有弛，声情并茂，生动活泼。切忌说话没有高低、快慢之分，没有节奏与停顿，生硬呆板，没有朝气与活力。

简言之，不知道所忌，就会造成失败；不知道所宜，就会造成停滞。我们在谈话中，要懂得"十忌"。

三、洞察客人的性格类型

每一个消费客人都有其独特的性格，推销员可据此将所有面对的客人分为不同的类型，而不同类型的客户对推销员的态度，对营销活动的反应是迥然不同的。只有事先掌握这种情况，推销员面对各种类型的客户才能做到临阵不乱、沉着应战，从而使推销活动得以顺利进行。一般而言，客户的性格类型有以下几种。作为推销员，你要恰当应对。

（一）自以为是型

当你进行菜肴与酒水推销时，他们喜欢打断你的话，说："这些我早知道了！"他们总是认为自己比推销员懂得多，也总是在自己所知道的范围内毫无保留地发表自己的见解。他们的表现欲极强，可是他们心里也明白，自己的粗浅知识绝对不及一个受过专门训练的推销员，所以他们有时会自己找台阶下，说："嗯，你说得不错。"但下次他绝对还会做出同样的事情。

面对这种客人，你必须事先做好充分的准备，并在推销过程中表现出卓越的专业知识储备。也可以"欲擒故纵"，在菜肴与酒水推荐之后告诉他们："我不想打扰您了，您可以自行考虑，考虑好之后不妨与我联络。"同时，在进行菜肴与酒水说明时，千万不要说得太详细，要稍作保留，以便让他们产生好奇，这时你就可以告诉他们："我想您对这款菜的特色已有了解，那您需要点这份吗？"

（二）斤斤计较型

这类客人善于讨价还价，贪小但不失大，他们会用种种理由和手段拖延交易的达成。如果你的经验不足，为了避免失去得来不易的成交机会而主动降低交易条件，就会中其圈套，血本无归。事实上，这类客人爱还价只是本性所致，并非对菜肴或酒水有实质性的意见，他们喜欢考验你对交易条件的坚定性。这时你要创造一种紧张气氛，比如告诉他们现货不多、已有很多客人点了这款等，然后再强调菜肴或酒水的实惠，使其无法斤斤计较而爽快地与你达成交易。

（三）心怀怨恨型

这类客人常常怨气冲天，爱数落、抱怨别人的不是，一见你上来推销菜品或酒水时，就不分青红皂白地无理攻击，将怨气全部发泄到你身上，话中还夹带很多不实之词。从表面上看，他们好像是在无理取闹，但这肯定是有原因的，至少从客人的角度看这种发泄是合理的，比如受过欺骗等。你应查明出现这种怨恨的原因，然后设法缓解，让客户得到充分的理解和同情，从而对你产生认同感。

（四）冷静思考型

这类客人有时以怀疑的目光观察对方，有时甚至表现出一副厌恶的表情。这种思考型的客人在你向他们介绍菜肴与酒水时，会仔细地分析你的为人，以探知推销员的态度是否真诚。面对这种客人，最好的办法就是注意听取他们说的每一句话，而且铭记在心，然后从他们的言谈中推断出他们的想法。此外，你必须诚恳而礼貌地与他们交谈，千万别做出一副迫不及待想推销的样子，在解说菜品和酒水的特色时，必须热情地予以说明。

（五）借故拖延型

当你介绍菜肴与酒水时，这类客户会十分仔细地倾听，回答问题时也很合作，有成交的意愿，但当要求他们做出购买决定时，则往往推三阻四，让你无计可施。这类客人之所以犹豫不决，一般是有原因的，所以最好的应付之道就是找出其不做决定的真正原因，然后再对症下药，有的放矢。

（六）好奇心强烈型

这类客人对购买一般不存在抗拒心理，不过他们想了解菜肴与酒水的特性及其他一切有关的信息，只要时间允许，他们很愿意听推销员的介绍。他们的态度认真、有礼，会在推销员介绍菜品和酒水时积极地提问。如果菜肴合他们的心意，他们会是好买主。你必须主动而热情地为他们解说菜肴与酒水的特性，使他们乐于接受。同时你还可以告诉他们，目前酒店正在举行一次促销活动，这样一来，他们就会高高兴兴地付款购买了。

（七）滔滔不绝型

这类客人在消费过程中愿意发表意见，往往一开口就滔滔不绝、口若悬河，但很多时候离题甚远。对待这类客人，你首先要有耐心，给客人一定时间，由其发泄，然后巧妙地引入话题，转入推销。与此同时，你要善于倾听客人的谈话内容，以便从中发现推销的良机。

（八）大吹大擂型

这类客人常常在他人面前夸耀自己的财富，实际上他们的经济可能很拮据。虽然他们也知道有钱并不是什么了不起的事，不过，他们认为只有通过自夸才能增强自己的信心。所以在他们夸耀自己的财富时，你必须恭维他们，表示想跟他们交朋友，然后在接近成交的阶段给其留下缓和的余地："你可以先点菜和酒水吗？"这种说法一方面可以顾全他们的面子，另一方面也可以让他们有选择的时间。

（九）虚情假意型

这类客人表面上非常友善，比较合作、有问必答，但实际上他们对购买缺少诚意和兴趣，在你进行推销时，他们会闪烁其词、装聋作哑。如果你不能准确识别此类客户的真面目，往往会花大量的时间、精力与其交流，最后还是空手而归。

（十）生性多疑型

这种客人总是对你所说的话持怀疑的态度，对菜品和酒水本身也是如此。这种人心中会有一些个人的烦恼，并会迁怒于你。因此，作为推销员，你应该以亲切的态度和他们交谈，千万别和他们争辩，同时也要尽量避免给他们施加压力，否则，只会使情况更糟。在进行菜肴与酒水介绍时，要态度沉着、言辞恳切，等他们完全心平气和后，才可按一般方法与其洽谈，否则，交易就难以达成。

（十一）沉默寡言型

这种人一般老成持重、稳健不迫，对你的宣传劝说虽然认真地倾听，但反应冷淡，不轻易谈出自己的想法。一般来说，你应该避免讲得太多，尽量使对方有讲话的机会。你在介绍菜肴与酒水时态度要亲切、诚恳，想小法拉拢感情，了解其工作、家庭、子女等情况以及其真正的需要；要诚实稳重，特别注意讲话的态度、方式和表情，争取给客户留下良好的第一印象；同时不要强迫他们说话，而应该顺着他们的性格轻声地说话，并且提些容易回答的问题。总之，一定要他们认为你所说的、所做的一切都是为了他们。如果能够好好把握与这种人的关系，他们就会成为你忠实的客户。

（十二）先入为主型

这种类型的客人见到推销员时，会先发制人地说："先坐坐，休息会儿。"这类人作风干练，在你与他们接触之前，他们已经准备好你问什么，他们回答什么。虽然他们在一开始就持否定态度，但对交易而言，这种心理抗拒是最微弱的。对于他们先前抵抗的话语，你可以先不予理会，因为他们往往并非真心地说那些话。只要你以热情而真诚的态度亲近他们、说服他们，便很容易成交。

（十三）思想保守型

这类型顾客思想保守、固执，不易受外界的干扰，不易因他人的劝导而改变自己的消费行为或态度，其具体表现为习惯与熟悉的推销员来往。对于现状持满意态度，即使有不满也能容忍，并且不轻易显露于人前。你必须寻求其对现状不满的地方和原因，然后仔细分析自己建议的价值，请他们尝试接受新的菜肴与酒水。

（十四）内向含蓄型

这类顾客一般很神经质，害怕与推销员接触，若不得不接触，则喜欢东张西望，不会专注于同一方向。这类客户在交谈时会困惑不已，坐立不安。对于这种顾客，你必须谨慎对待，不要表现得过于强势，只有细心地观察，坦率地称赞他们的优点，才能与他们建立值得信赖的友谊。

（十五）固执己见型

这类顾客的典型特点是凡事一经决定，则不可更改，即使明知错了也会一错到底，有时还会出言不逊，即使推销员以礼相待，也往往难以被接纳。但他们的心底往往是脆弱和寂寞的，较一般人更渴望理解和安慰。如果你能持之以恒，真诚相待，适时地加以恭维，时间长了，或许能博得他们的好感，从而转化其态度，甚至被他们认同而成为知音，最终达成交易。

（十六）优柔寡断型

这类顾客遇事没主见，往往消极被动，难以做出决定。你要牢牢地掌握主动权，充满自信地运用推销技巧，不断地向他们提出积极性的建议，多多地运用肯定型用语，还要强调你是从他们的立场来考虑的，坚持这样做直到促使他们做出决定，或在不知不觉中替他们做出决定。

第四节　中国传统节日菜肴与酒水推销的基本知识

一、中国主要传统节日简述

（一）春节

春节传统上从岁末除夕、农历正月初一持续到正月十五的元宵节，是我国最盛大、最热闹的一个古老传统节日，俗称"过年"。

图 1 - 4 - 1　春节

（二）元宵节

农历正月十五，是我国民间传统的元宵节，吃元宵，庆团圆，又称"上元节"、"灯节"。

图 1-4-2　元宵节

（三）清明节

阳历 4 月 5 日左右，是一个历史悠久的传统节日。清明是农历二十四节气之一，在仲春与暮春之交，也就是冬至后的第 108 天。清明节是一个祭祀祖先的节日，传统活动为扫墓。

图 1-4-3　清明节

（四）端午节

农历五月初五是端午节，又称"端阳节"、"重五"、"五月节"，主要活动是吃粽子、赛龙舟等。

图 1-4-4　端午节

（五）七夕节

农历七月初七是七夕节，又称"七夕"，即中国的爱情节、情侣节，是神话传说中牛郎织女鹊桥相会之日。

图 1-4-5　七夕节

（六）中秋节

农历八月十五，是一年秋季的中间，因此称为"中秋节"、"举家团圆节"，主要活动是赏月、吃月饼。

图 1-4-6　中秋节

（七）重阳节

农历九月初九是重阳节，又称"敬老节"。重阳佳节活动极为丰富，有登高、赏菊、喝菊花酒、吃重阳糕、插茱萸等。

图 1-4-7　重阳节

（八）冬至节

冬至在我国古代是一个很隆重的节日，时间在每年的阳历 12 月 21 日至 23 日之间。冬至是中国农历中一个非常重要的节气，也是中华民族的一个传统节日，俗称"冬节"、"长至节"、"亚岁"等。中国大部分地区在这一天都有活动，如北方吃饺子、南方吃汤圆和南瓜。有谚语云："冬至到，吃水饺。"

图 1-4-8　冬至节

（九）腊八节

农历十二月初八是腊八节，俗称"腊八"。自上古起，腊八是用来祭祀祖先和神灵（包括门神、户神、宅神、灶神、井神）的祭祀仪式，祈求丰收和吉祥。后随佛教盛行，佛祖成道日与腊八日融合，在佛教领域被称为"法宝节"。这一天是释迦牟尼成佛的日子，又称"成道节"。这一天最重要的活动是吃腊八粥。

图 1-4-9　腊八节

二、中国传统节日菜肴与酒水推销概念

中国传统节日菜肴与酒水推销是指在中国传统节日（如春节、元宵节、清明节、端午节、七夕节、中秋节、重阳节、冬至节等）里，餐饮行业菜肴与酒水推销人员试图通过一定的方法和技巧，使顾客接受菜肴与酒水产品的行为过程。

图 1 - 4 - 10　中餐厅

三、餐饮菜肴推销的基本知识

图 1 - 4 - 11　服务员推销菜肴与酒水

（一）如何为客人介绍菜肴

1. 餐饮推销的重要性

俗话说：挣不挣钱，全靠炊事员；卖不卖钱，全靠点菜员。很多客人在点菜时，并不是很熟悉菜肴，那么这时就需要点菜员的介绍和推荐。往往点菜员热心介绍的特色菜或时令菜都会容易被客人接受。怎样才能让我们的服务上一个档次，怎样让我们的营业收入创造另一个高峰，归根结底跟我们的菜肴推销有着密不可分的联系。企业的发展都会不同程度地出现所谓的"瓶颈"，餐饮业的"瓶颈"很大程度上出现在没有干练的推销队伍上。当然这里主要是指豪华包间这一块。我们只是按寻常路线，由厨房出菜单，客人确认，然后按部就班地上菜，之后客人吃得不痛不痒。一席餐吃下来，你问他吃了什么，有可能他一个菜也没记住。因为没有人在他进餐前给他一个想象的空间，也没有人在餐中服务时，让他对菜肴留下深刻的记忆。至于餐中怎样让客人对菜肴留下深刻的记忆，以后我们会专门讲解。所以作为一个合格的点菜员，不仅要把厚厚的菜谱背得滚瓜烂熟，还要了解每道菜的特点、口味和做法，甚至要说出其所用材料的产地、营养价值、适合人群等。

2. 如何为客人介绍菜肴

餐厅服务员为了适当地向客人介绍菜肴，必须对本餐厅各式菜肴有深刻的了解，如哪些是具有代表性的名菜佳肴，对餐厅菜单上的各式菜肴要了解其售价、主料、配料、烹调方法和烹调步骤，特别是要了解有特色的烹调方法。这样等客人需要在菜肴方面得到服务员的帮助时，服务员即可脱口而出，如数家珍。

服务员向客人介绍餐厅所经营的菜肴要适时，针对不同的客人有不同的介绍方法。

（1）对常客只需介绍一下近日或者当天的特价菜即可。因为他们对餐厅的菜肴品种很熟悉，过多介绍反倒会引起客人的反感。

（2）如果是第一次来用餐的客人，服务员则应该简略介绍一下餐厅所经营菜肴的大致情况，如所属菜系、有哪些风味特色、有什么样的菜肴。随时观察客人的反应，如客人反应平淡就应适可而止；如客人感兴趣则可多讲几句。

（3）如果是商务商人利用进餐时间谈生意，服务员可以从高档菜开始介绍，同时介绍中档和有特色的菜肴，因为这样的客人往往较注意菜肴的质量，讲究菜肴的档次。

（4）如果是国外的客人，服务员可介绍一些特色较浓的地方菜肴，同时注意客人的饮食习惯，不要介绍大多数欧美客人不感兴趣的菜肴，如用动物内脏所制的菜肴。可着重介绍肉、禽类菜肴，而且应该尽量介绍清楚烹调的方法。

3. 为客人量身定制菜单

客人一进饭店，我们的服务员就要根据其外貌特征、所操方言等特点来初步判断客人是什么地方的人，并根据当地的饮食爱好来介绍菜谱，比如北方人喜欢面食、南方人爱清淡、四川人爱辣等，以提高推荐菜肴的成功率、满意率。

（1）对"四种客人"的推荐要讲究语言艺术。

为老年人定制菜单，要根据现代人群高血压、高血脂比例高的特点，少推荐肉类，多推荐口感比较软、便于老年人咀嚼的菜肴；为女士定制菜单，要根据女士爱吃甜食，但又注重体形的心理，可以介绍具有减肥功能、美容养颜效果的菜肴；为儿童定制菜单，要结合儿童成长的需求，推荐营养成分高、微量元素多且容易吸收，加以介绍就能够得到认可的菜肴；为情侣定制菜单，则要介绍一些有浪漫气息和良好祝愿的菜肴，让他们能够在享受美食的同时，为能品味到爱情的甜蜜而倍感满意。

（2）让老顾客倍感亲切。

为了给客人提供有针对性、个性化的服务，需要尽可能多地了解客人的资料，以便客人下次来的时候有"回家"的感觉。例如，老顾客带朋友来饭店，服务员能够直呼其姓，说出其喜欢的菜肴，在结账的时候能够适当给予打折，让老顾客很有面子，而且其所带的朋友也会因此经常来这里吃饭，认为来这里吃饭不仅能吃得好而且又不会有"被宰"的感觉。

（3）工薪阶层不可轻视。

工薪阶层客人的消费能力相对较弱，他们更注重饭菜的实惠，要求菜品物美价廉。在向这些客人推荐菜品的时候，一定要把握好尺度，学会尊重他们。如果过多地推荐高档菜品会使他们觉得窘迫，很没面子，甚至会极大地伤害顾客的自尊心，所以要采取试探性的推销方式。如果客人坚持不接受高档菜品时，服务员要马上在中、低档菜品上下工夫。切记，消费水平不高的客人同样是尊贵的顾客，厚此薄彼会使这些客人永不回头。

（4）加强与后厨的联系。

服务员在平时还要多留意顾客想吃而店里没有的、客人谈话间提到的时鲜菜品等信息，要想顾客之所想，把这样的信息及时反馈给厨房，加强与后厨的衔接和协调。比如现在是夏季，很多客人在吃主食时会问："你们有大麦粥吗？"在我们没有该菜品而客人常常提起的情况下，我们可以向厨房作出推荐，让客人更满意，回头率更高。

（二）餐厅服务员推荐菜点的八大技巧及十大原则

1. 餐厅服务员推荐菜点的八大技巧

（1）服务员必须从维护酒店利益的角度出发，树立高度的责任感，以熟练的策略和技巧为不同消费标准的客户提供个性化服务，既可以使酒店的效益提高，又能够让客户满意。

（2）服务员必须做到"举止端庄、神情专注、态度亲切、和气微笑、语言流利"二十字方针，用自己标准得体的服务形象与服务仪态，赢得客人的信任和喜爱，以达到让客人接受服务员推荐的菜点的目标。

（3）服务员推荐菜点前要通过听、看、问等方式了解客户的身份、宴请的类型、客户不同的口味以及消费水平。根据客户的具体情况，提供个性化的点菜服务，也就是在推荐菜式的色、香、味、形，菜品的数量、价格等方面，既能达到饭店效益的要求，又能使客人满意，使客人感受到服务人员是从客人的角度出发的，从而使客人接受服务人员的推荐。

（4）牢记菜牌价和时价，宣传特价菜和特色菜的特色，强调新菜和利润较高的特色菜，从原配料选择，口味特色，制作工艺等几个方面总结菜品特点。

（5）及时了解海鲜的急推程度，对急推的菜品，要掌握多种做法和不同口味的相关知识。对于当天急推的菜品，应优先推荐，灵活机动，争取客户的认同。

（6）客户自己点菜时，服务员要给予耐心热情的帮助，注意菜品的适当搭配，照顾不同年龄层客户的口味，考虑菜品数量是否充足、价位是否适宜。适当推荐当天急推的，如沽清应表示歉意，并及时推荐类似的菜品。

（7）对常来的熟客，要及时介绍新菜，并介绍不同口味的菜品。向熟客介绍同一原料的菜肴的不同做法，使熟客每次都有新鲜感，从而使客户满意。

（8）点菜结束时应及时复述菜单，检查菜单是否遗漏或者错误，最终得到客户的确认。询问客户是否有忌口或者其他特殊要求。若有制作时间长的菜品应及时提示客户。

2. 餐饮推销十大原则

（1）熟悉产品原则：要熟悉本餐厅日常菜牌中的各类菜式。

（2）准备充分原则：营业前留意当日特别介绍中的菜式，要先了解要推销的食物的特色。

（3）熟练技巧原则：要熟悉点菜和点酒水的技巧，在不同的场合向不同的对象推销不同的商品，要迎合客人的情绪、爱好和口味。

（4）诚恳原则：要处处表现出为顾客着想的诚恳态度，一定要跟足食物的分量，保证食物的质量，保证上桌时的菜式如你所介绍的一样，勿让客人有受骗的感觉。

（5）耐心原则：推销时要耐心介绍，让客人明白你所介绍的菜品。

（6）把握时机原则：当客人犹豫不决时，要立即给客人提示，增加客人的信心，选择其中一个。

（7）时令推销原则：宜多介绍时令菜，"不时不食"，客人是清楚这一点的。

（8）席间推销原则：席间问客人是否要添加酒水，菜式是否足够，饭后介绍甜品、水果等。

（9）切忌盲目原则：不要盲目争取销售额而过量推销，要记住留住常客也是餐厅的生财之道。

（10）信息反馈原则：推销服务后认真听取客人的意见，将会使你获得更多的经验。

（三）服务员如何推销餐厅菜品

对菜品进行有效推销，是一线服务员的一项基本功，它既可以拉近客人与餐厅的距离，也可以体现餐饮业的企业文化。服务员在推销时可以采取各种策略，而不可生搬硬套地采用单一策略向客人推销。

菜肴推销是餐饮活动中的重要环节，也是餐饮经营者与食客的公关过程。在就餐活动中，点菜人员应当根据不同食客的心理，对不同的菜点加以介绍，并实事求是、有的放矢地对菜肴进行阐述，满足食客对菜点信息的需求，因此掌握语言技巧十分重要，如果运用得当将受益匪浅。

（1）主动招呼。

主动招呼对招徕顾客具有很大的意义。比如有的顾客进餐厅后，环视一下餐厅四周就转头走了。这时，如果有服务员主动上前招呼"欢迎光临"，同时引客人入座，顾客即使对餐厅环境不是十分满意也不会离开餐厅。

（2）熟悉产品，适时介绍菜品。

熟悉菜品是餐饮推销的前提，服务员要熟悉菜单上的每个菜品，熟悉各个菜品的主料、配料、烹调方法和味道。菜品的介绍要能调动顾客的购买欲。

（3）适时推荐高价菜品。

在服务过程中，如果看到顾客在点菜时犹豫不决，服务员可适时介绍菜品，推荐高价菜品或高利润菜品。因为价格较高的菜肴，一般都是高利润的菜肴。通常，高价菜品和饮料毛利较高，同时这些菜品和饮料的确质量好、有特色。

（4）主动服务，抓住销售机会。

无论在餐前、餐中或餐后，都有很好的销售机会。

（5）要有针对性地进行推销。

服务员应了解顾客的用餐目的，对不同的客人、用餐形式、消费水准，进行有针对性的推销。如家宴要注重老人和孩子们的选择；情侣则一般要注重女士的选择。

（6）要正确使用推销语言。

服务员应具备良好的语言表达能力，要善于掌握客人的就餐心理，灵活、巧妙地使用推销语言，使客人产生良好的感受。服务用语要简洁、短小、精悍，同时又能吸引顾客，在服务语言中多使用选择性语句，有助于餐饮的推销。

（四）不同产品的推销技巧

很多人觉得能不能留住客人的"腿"，关键看餐厅的饭菜是否色、香、味、形、器俱全，能不能吸引客人的"嘴"。但客人进入饭店后最先接触的是饭店的服务和氛围。能否留住客人的"腿"和"嘴"，首先要看餐厅的服务是否留住客人的"心"，让食客对餐厅的饭菜和服务都非常满意，同时餐厅又能实现利润最大化，这是餐饮老板和经理人梦寐以求的愿望。要想达到这种效果，服务人员的推销技巧至关重要。

1. 菜肴推销的基本技巧

当迎宾把客人引领到餐位后，服务人员要主动向客人介绍当天供应菜品。此时，服务员应站在客人的右边，距离保持在 0.5～1 米之间，姿势端正，面带微笑，身体稍向前倾，留心听、认真记。在点菜的过程中要注意四点：第一，如果客人点的菜没有供应时，应先道歉："对不起，今天生意特别好，××菜已经售完，您看××菜怎么样？"为客人推荐的菜肴应该与客人所点的类似，或者是更有特色的菜品。第二，如果客人点了相同类型的菜要提醒客人，可推荐客人另点其他菜品。第三，如果客人表示要赶时间，尽量建议客人点上得比较快的菜，不向客人推荐蒸、炸、酿的菜品。第四，客人点菜完毕后，要征求客人点菜的分量，然后向客人重复菜单，检查是否有听错或漏写的内容。没听清客人的话时，要说"对不起，请您重复一遍好吗"，说话时声音以客人能够听清为宜。

2. 酒水推销的基本技巧

在推销前，服务人员要牢记酒水的名称、产地、香型、价格、特色、功效等内容，回答客人疑问要准确、流利。含糊其辞的回答，会使客人对餐厅所售酒水的价格、质量产生怀疑。在语言上也不允许用"差不多"、"也许"、"好像"等词语。例如在推销"××贡酒"时，应该向客人推销："先生/女士，您真有眼光，××贡酒是我们餐厅目前销售最好的白酒之一，它之所以深受客人的欢迎，是因为制作贡酒所用的水来自当地一大奇观'××泉'，××贡酒属于清香型酒，清香纯正，入口绵爽，风味独特，同时还是您馈赠亲朋好友的上好佳品，我相信它一定会令您满意的。"

（五）不同服务阶段中的推销技巧

1. 餐前准备中的推销技巧

其实餐厅产品推销从顾客走进餐厅的那一瞬间就开始了，从餐厅装饰与菜品的搭配到餐前准备的餐桌桌面摆台，确实应了那句话"营销无处不在"，下面特别为大家介绍餐厅摆台是如何向顾客推销的：在菜牌上附上专栏、夹上特别的纸张或其他装饰，将酒杯与其他餐具一起摆在桌上；特价或促销活动，例如好酒论杯计或每月特选等，在餐桌上放置菜品酒水宣传卡。这些看似微不足道的细小环节，可能是顾客在走进餐厅以后最先注意到的地方，所以我们餐厅服务员在餐前准备时就应当从一些细小的环节中来挖掘推销技巧。

2. 用餐中的推销技巧

绝大多数进入餐厅的客人对自己今天吃什么没有一个准确的概念。一个优秀的服务人员在与客人短暂接触后，应能准确判断出自己所接待的客人的消费水平和消费档次，只有判断正确才能有针对性地给客人推销菜点和酒水。

"酒过三巡，菜过五味"，宴席随之会进入一个高潮。这时，服务员不失时机地推销酒店的菜品和酒水往往都能够获得成功。比如："各位先生打扰一下，看到大家喝得这么高兴，我同样也感到很开心，只是现在酒已剩得不多了，是否需要再来一瓶呢？"往往用餐客人中就会有人随声附和："好，那就再来一瓶。"这样酒就很容易地推销出去了。

3. 菜上齐后的推销技巧

菜上齐后，首先要告诉客人："各位打扰一下，您的菜已经上齐，请慢用。若还有其他的需要，我非常愿意为您效劳。"这样说有两层含义：一是要让客人清楚菜已上齐，看看与所点的菜是否一致；二是要提醒客人如果菜不够的话可以再加菜。

（六）针对不同类型的顾客的推销技巧

1. 对小朋友的推销技巧

小朋友到酒店就餐一般都是由父母带着，对于并不经常光顾餐厅的小朋友来说，他们对餐厅的一切都会感到新鲜。如果要问小朋友喜欢吃什么菜，他们一般都说不上来，但在挑选饮料上却恰恰相反。由于电视广告的作用，小朋友对饮料的种类如数家珍。在接待小朋友时，要考虑一下推销哪种饮料才能让他喜欢。可以这样说："小朋友，你好，我给你介绍××牛奶果汁，非常可口、好喝，如果你喜欢的话告诉我，我帮你拿好吗？"

2. 对老年人的推销技巧

给老人推销菜品时要注意菜肴的营养结构，重点推荐含糖量低、易消化的食品或者软嫩不黏牙的菜肴，比如："您老不如品尝一下我们酒店的这一道菜，它的名字叫脆糖豆腐。这道菜的特点是吃起来像豆腐，却是用蛋清等原料精制而成，入口滑嫩、味道鲜香、有丰富的营养价值，因其外形酷似豆腐，所以我们就把它称为'脆糖豆腐'。我相信一定会让您满意的，祝您老'福如东海，寿比南山'。"

3. 对情侣的推销技巧

情侣去酒店用餐不是真的为了吃菜肴，而是"吃环境"，浪漫的就餐氛围会吸引更多的情侣光顾。服务人员在工作中要留心观察，如果确定就餐的客人是情侣关系，在点菜时就可以推销一些有象征意义的菜，比如"拔丝香蕉"象征甜甜蜜蜜、如胶似漆等。同时服务人员可以针对男士要面子，愿意在女士面前显示自己的实力与大方的特点，以及在消费时大都是男士掏钱的情况，适当推销一些高档菜。

4. 对挑剔型客人的推销技巧

在日常接待服务工作中，服务人员经常会碰到一些对餐厅"软件"和"硬件"品头论足的客人。对于爱挑毛病的客人，服务人员首先要以自己最大的耐心和热情来服务，对于客人所提的意见要做到"有则改之，无则加勉，不卑不亢，合理解答"；要尽可能顺着客人的意思去回答问题，在推销菜肴和酒水时要多征求客人的意见，比如"先生，不知您喜欢什么口味的菜，您不妨提示一下好吗？我会最大限度地满足您的需求"等，同时要切记，无论客人如何挑剔，都要以灿烂的笑容对待。

5. 对犹豫不决型客人的推销技巧

有些客人在点菜时经常犹豫不决，不知道该点哪道菜好。从性格上讲，这种客人大部分属于"随波逐流"型，没有主见，容易受到他人观点的左右。因此，面对这些客人，服务人员要把握现场气氛，准确地为客人推荐酒店的招牌菜、特色菜，并对所推荐的菜品加以讲解。一般这类客人很容易接受推荐的菜肴，很多情况是客人选了半天什么都没点，所点的全都是服务员推荐的。

6. 对消费水平一般的客人的推销技巧

这类客人多以工薪阶层为主，他们更注重饭菜的实惠，要求菜品价廉物美。在向这些客人推销菜品时，一定要掌握好尺度，要学会尊重他们。在推销高档菜品、酒水时，要采取试探性的推销方法，如果客人坚持不接受，那么就需要服务人员转过来在中、低档菜品、酒水上做文章。切记，消费水平不高的客人同样是酒店尊贵的客人，厚此薄彼会使这些客人永不回头。

（七）服务人员推销须知

（1）服务人员可以说也是推销员。他（她）不只是接受顾客的指令，还应作建议性的推销，即引导客人消费，满足顾客的显性需求并挖掘顾客的隐性（潜在）需求，让客人乐于接受餐厅的服务。

（2）不要让服务人员本身对食物的喜恶与偏见影响客人的选择。服务人员自己不喜欢的菜式可能正是客人所欣赏的，不可对任何客人所点的食物表示厌恶。

（3）谨记客人姓名和其爱好的食品。当客人再次光临时，你可以称呼客人姓名并介绍菜式，使客人高兴，同时也可增加客人对你的信任及你自己的信心。

（4）熟悉菜牌，明白推销菜式的品质和配制方式，介绍时可作适当解释。

（5）顾客不能决定要什么时，服务人员可提供建议，最好是先建议中高等价格的食物，再建议便宜的食物，由客人去选择；或先向客人征询他所喜欢的食物，再给出建议。

（6）不可强令客人多消费（任何推销技巧都需适可而止），在任何场合，顾客的满意度比销售量更重要。

（7）生动的描述，有时会在顾客不饿的时候也引起他们的食欲和兴趣。

（8）应该随时在心中准备一些菜式（班前准备工作的一部分），当客人问及今日有什么好菜式时，可马上介绍。

（9）要主动推销，客人不一定想饮酒或吃甜品，但经你殷勤介绍，多会接受你的推荐（特别是情侣或第一次到店里的顾客）。

（10）提醒客人所点食物是否不足或太多，可建议调节菜品的大小（如8寸或12寸比萨的调换），或更换菜品（确保营养搭配、荤素搭配等）、减少同类项（如客人同类食品点重了时，需建议客人更换或删减）。

（11）推销时要把握好时机，一般根据客人的用餐顺序和习惯进行推销，以收到更好的推销效果。

（12）对暂时沽清（卖完）的菜要及时掌握好，切勿介绍给客人。万一客人问起时，可说"这道菜销量很好，您的眼光真不错"、"对不起，刚好卖完了"之类的话，并建议客人点相近的其他菜式。

（13）熟悉点菜和点酒水技巧，在不同场合对不同对象推销不同的商品，要迎合客人的情绪、爱好和口味，记住凡事无绝对，要随客而定。

（14）注意多介绍餐厅的特别推荐菜式、急推品种和时令菜点。急推品种往往是餐厅需迅速推销的，推销出去可降低损耗；时令菜则主要是让客人享受到季节性菜式，俗语有云："不时不食。"

（15）推销时注意语言艺术及表情，要温文有礼、大方得体，最好是面带微笑，像对待好朋友一样亲切热情。

（16）推销时需注意"主随客意"，对不同的客人应进行不同的推销，如：

①向急着离开的客人推荐准备时间短的"速食"。

②向由公司付款的客人提供价格高的菜。

③向重要人物、美食家推荐品味最佳的菜。

④向独自一人就餐的客人提供准备时间短且分量适中的食品。

⑤特殊场合推销一些高档酒水或一些需预订的食物。

⑥对家宴而言，注重老人或孩子们的选择。

⑦对情侣而言，注重女士的选择。

⑧对大老板或谈生意者而言，注意保存他们的面子。

⑨向素食者推荐素食，并注意低热量。

四、酒水推销基本知识

（一）酒水推销是酒吧经营的核心

酒吧经营的主要内容是向客人提供酒水，酒水是顾客消费的主要对象，因此酒吧推销归根到底还是酒水的推销，酒吧推销的重点应当放在酒水推销上。

1. 酒水推销的目的

（1）酒水销售是酒吧收入的主要来源。酒吧经营以一定的娱乐活动和娱乐形式为依托来吸引客源，但酒吧的主要收入来源是通过酒水的销售来获得的。酒吧采取各种推销手段来增加酒水的销售量，提高酒水的销售额是酒吧经营所追求的目标。

（2）酒水推销能提高现有酒吧客人的消费水平。酒水推销能使酒吧客人增加消费量，使酒吧能从客人的消费中得到更多的收入。

（3）酒水推销能向客人展示酒吧的特色和风貌。酒水推销是酒吧服务人员通过礼貌而规范的服务向客人展示饮品的质量来完成的。这种推销方式向客人展示了酒吧的特色，给客人留下了美好的印象，有利于提高"回头率"，增加新客源。

（4）酒水推销能提高酒吧的综合利润率。酒水推销既节省了广告宣传的费用，又增加了客人对酒水的消费。

2. 服务是酒水推销的基础

酒水销售是指在一定的酒吧文化的环境中，通过一定的服务方式来提供酒水给客人，使客人在享受服务过程中得到满足，从而增加酒水的消费量。坚持"以服务为基础"，在遵循酒吧服务原则的前提下增加酒水的销售。

（1）以顾客为中心的原则。酒吧经营的一切服务活动和服务项目都必须从消费者的角度出发。因此，酒吧服务必须坚持以"顾客为中心"的原则，尊重顾客的人格、身份、喜好和习俗，避免同顾客发生争吵，把"错"留给自己，把"对"留给客人。坚持"顾客永远都是对的"的原则，在满足客人自尊心的同时提供能满足其消费动机的服务，增强顾客的消费欲望。

（2）周全性原则。现代人消费日趋多样化、高档化，人们不仅要求酒吧能提供丰富多彩、高质量的饮品与服务，而且还要求酒吧能提供各种代表新潮流的娱乐项目和其他特色服务。

（3）体现人情的原则。酒吧作为客人寻求精神满足和情感宣泄的理想场所，要在服务上体现出人情味。当客人感到空虚、寂寞、孤独或因繁忙的工作而疲倦、紧张时，他们总能在酒吧中找到适合自己的服务氛围，酒吧服务应尽量满足客人这种情感上的需求，以增加顾客的"回头率"和消费欲。

（4）灵活性原则。酒吧服务不像餐饮服务那样呆板，酒吧服务是一个动态过程，应在服务中体现灵活措施。一方面客人在酒吧消费的随意性，使酒吧服务必须采取相应的灵活措施；另一方面，酒吧消费中经常会出现一些突发事件，如客人醉酒等，使酒吧服务必须能随机应变，要求在不损害客人的自尊或情感的情况下，灵活得体地进行处理。灵活性原则能使酒吧服务最大限度地满足客人的需求。

（5）效率性原则。酒吧的产品一般是即时生产、即时消费。客人所点的各种饮料是服务人员为客人提供的面对面的直接服务；同时，饮料本身的特征要求酒吧服务人员必须提供快速服务。酒吧服务过程既是产品出售过程，也是消费过程。酒吧服务必须要突出高效率，保证高质量地完成酒水的服务。

（6）安全性原则。酒吧服务必须在一个安全的环境中完成。首先，要求酒吧服务人员要保证酒水的质量和卫生安全；其次，要保证客人隐私权得到尊重；再次，要保证客人在酒吧的消费过程中不受干扰和侵害。只有保证酒吧消费的安全，才能维持一个稳定的客源市场，只有保证了酒水质量和卫生安全，才能增加饮品推销的机会。

3. 服务人员是酒水推销的关键

酒水是通过服务人员来向客人提供的。酒吧服务人员是酒吧的推销员，酒吧生意的好坏与服务人员的推销技巧直接相关。酒吧服务人员通过向客人展示自己的礼貌、热情、友好的态度给客人以良好的印象。机智灵活的服务人员会不失时机地向客人进行推销。

酒水推销是一门艺术，要求服务人员具有必备的酒水知识，掌握酒水的特征，通过提供规范标准的服务，使客人享受到最佳的服务。在服务过程中，服务人员针对不同身份、习俗的顾客推销适合其口味的饮品。顾客对服务人员提供的合理建议是很难拒绝的。

（二）酒水推销的技巧

酒水推销应掌握一定的方法，推销得当就能取得事半功倍的效果。每一个酒吧员工都是酒吧的推销员。

1. 服务人员的推销知识和技巧

要做好酒水推销，首先酒吧服务人员尤其是调酒师和服务人员要详细了解酒吧饮品的原料成分、调制方法、基本口味、适应场合等。酒水知识是酒吧服务人员做好推销工作的首要条件。同时酒吧服务人员还应了解每天的特饮以及酒水的存货情况。因酒吧饮品名称诱人，顾客在点酒水时，会带有盲目性。所以，酒吧服务人员应根据顾客的需要详细介绍饮品，在顾客了解饮品后点酒水，这样能减小顾客点不了解的饮品的概率。

服务人员正确使用推销技巧，不仅能增加酒水的销售量，而且会使顾客享受到标准、殷勤的服务。

2. 演示推销

酒吧酒水的配置都是调酒师当着客人的面完成的。调酒师优美的动作、高超的技艺，在向客人展示其自信的同时，给客人一种可信赖感。酒品艳丽的色彩、诱人的味道、精美的装饰都刺激着人们对酒水的消费欲望。演示性推销是一种最可靠、最有效的手段，这是因为：第一，调酒师直接接触顾客。调酒师衣着整洁、举止文雅、礼貌稳重、面带微笑，向客人充分展示自身的形象。第二，调酒师直接向顾客展示饮品。顾客感到可信并有好印象就会很容易地接受调酒师推荐的饮品。第三，调酒师面对客人，有机会同顾客聊天，能随时回答顾客的提问。

3. 服务推销

服务推销要从真正了解顾客开始。酒吧服务强调以顾客为中心，以满足顾客的需求为首要任务，要做到这一点就必须从了解顾客的真实需求、真实感受开始。了解顾客需要什么样的饮品和服务，而不是把自己的产品强行推销给客人。

（1）注意瞬间推销，即注意服务的瞬间效应。服务人员在与顾客接触的过程中的每个时刻、每个细节上，都应严格按照酒吧的服务规范和标准，给顾客温馨体贴的服务。这种服务能给客人留下深刻甚至是终身的印象。服务瞬间效应来自于以下几个方面：第一，服务语言规范化。在特定的酒吧经营环境下，服务人员用什么样的语言都有较明确的规定。除礼貌用语外还要注意推销技巧的语言，如"今天我们酒吧的特饮很受欢迎，您看是否来一杯"或"您已经点了王朝干白，我们还有一种与其媲美的长城干白，价格又合理，我给您再来一瓶好吗"等。第二，服务语言简练、优美。服务人员谈吐清楚，快慢适宜，语音音质优美，表情自然。第三，服务态度和蔼、礼貌。礼貌的态度既能使服务人员与顾客保持适宜的距离，又能让顾客加深对服务人员的熟悉与信任。第四，主动服务。它包括主动去迎接客人，主动去帮助客人，主动去询问客人，主动去服务客人。这种主动性表现了服务人员的服务热情、对顾客的尊重。主动服务要以征求顾客需要为前提，体现出热情与周到。第五，全方位立体服务。对顾客来说，酒吧不能把送上酒单、提供饮品当作自己所能提供的服务。全方位立体服务要使顾客在酒吧的任何一个活动都感到满意，如消费饮品、参加娱乐活动，甚至上卫生间等行为都应得到周到的服务。只有在各个方面都得到满足，客人才会感到物有所值。

（2）服务推销的方法。第一，从客人需要出发推销酒水。不同顾客光顾酒吧的目的不同，其消费需求也不同。对于摆阔、虚荣心强的客人要推销高档名贵的酒水；对于主要是为了消遣娱乐的客人，推销大众酒水；对于团体聚会，向客人推销瓶装酒水。第二，从价格高的品牌酒水开始推销。价格高的饮品，利润大，对酒吧贡献多。可以向顾客推荐道："本酒吧最近从法国进了一批名贵的葡萄酒，有××和××，您要不要尝尝?"有一定身份或虚荣心的顾客一般是不会拒绝的。第三，推销酒吧的特饮或创新饮品。向客人介绍酒吧特饮的独特之处，如由著名的调酒师调制，该饮品在××比赛中获得一等奖，以及从味道、色彩等方面向客人介绍，引导客人点酒水。第四，主动服务，制造销售机会。当顾客正在犹豫或不想购买时，服务人员只要略加推销，就可能促成客人消费。这些机会在服务中经常出现，如当客人环顾四周或当客人酒杯已空时，只要抓住机会即可适时推销。

（三）酒水的特征推销

酒吧中所经营的酒类品种丰富，每种酒都有其自身的特征，拥有不同的颜色、气味、口感，在饮用上也有不同的要求，同类酒由于出产地和年份不同，其口味和价值也有差异。因此，酒水推销最直接、最关键的是服务人员要熟悉酒水及酒吧经营知识，并根据各自的特点向客人推销，这种方法容易被客人接受。

1. 葡萄酒的推销

（1）根据葡萄酒的饮用特点推销。葡萄酒的饮用非常讲究，首先，不同颜色的酒，其饮用温度要求不同；其次，葡萄酒用杯容量不同；再次，葡萄酒与菜肴的搭配要求不同。只有服务人员掌握了葡萄酒的这些饮用特点，并根据这些特点向顾客推销，才能使顾客认识到服务人员推销的专业性和真诚度。

（2）推销高档名贵的葡萄酒。首先，推荐酿制年份久远的葡萄酒，这类酒的品质上乘，味道好；其次，推荐世界著名产地的名品葡萄酒，这类酒品虽然价格昂贵，但能满足求新、求异、讲究社会地位的顾客的需求；再次，推荐当地人熟悉的品牌，这类酒品容易被顾客认可和接受。

2. 香槟酒的推销

香槟酒奢侈、诱惑、浪漫，把人带进一种纵酒放歌的豪放气氛中。香槟酒适合于任何喜庆的场合。服务人员或调酒师要善于察言观色，向在生意场上获得成功或有喜事的宾客不失时机地推销这类酒品。

调酒师或服务员还可利用香槟酒的特点来创造酒吧活动的特殊气氛，如开香槟时发出清脆的"砰"的声音，好似胜利的礼炮。开瓶后，用拇指压住瓶口使劲摇后让酒喷洒，表达喜悦之情。

香槟酒的推销在于服务人员掌握香槟酒的服务技巧和懂得捕捉顾客的心理——与大家共享欢快与喜悦。

3. 啤酒的推销

啤酒是酒吧中销量最大的酒品。啤酒的推销，首先要根据饮用特点推销。啤酒含有丰富的营养成分，素有"液体面包"之称，但啤酒很娇贵，不仅容易吸收外来的气味，易受空气中细菌的感染，而且遇强光易变质。啤酒的最佳饮用温度是在10℃左右。其次，推销名品啤酒和鲜啤酒。鲜啤酒一般为地方性啤酒，与瓶装啤酒相比，成本低、利润高。顾客在酒吧饮用啤酒，一方面要品尝地方风味的啤酒，另一方面对名品啤酒兴趣更大，如青岛、百威、嘉士伯、皮尔森等。再次，通过服务技巧来推销啤酒。啤酒中含有二氧化碳气体，酒体泡沫丰富，啤酒的斟倒更具有技巧性。啤酒泡沫不能太多，也不能太少。泡沫太多就会使杯中的啤酒较少，客人会不满意；泡沫太少又显得没有气氛。

4. 威士忌的推销

（1）推销威士忌名品。威士忌因产地不同，品牌较多。最著名的威士忌大多产于苏格兰、爱尔兰、美国和加拿大。最著名的品牌有苏格兰的红方、黑方、白马，爱尔兰的尊占臣、老布什米尔、帕地，美国的吉姆宾、老祖父、野火鸡、积丹尼、四玫瑰、七冠土，加拿大的加拿大俱乐部、施格兰特醇等。

（2）按饮用习惯推销。威士忌一般习惯于用1.5盎司的酒加冰或加水（矿泉水、苏打水）后饮用。目前酒吧大多按这种习惯来服务。

5. 白兰地的推销

（1）根据产地推销。法国科涅克地区所产的白兰地是目前世界上最好的，因为科涅克地区的阳光、温度、气候、土壤极适于葡萄的生长，所产葡萄的甜酸度用来蒸馏白兰地最好。另外，科涅克地区的蒸馏技术也是无与伦比的。

（2）根据品牌推销。白兰地很多著名品牌人们都很熟悉，可以利用这一特点进行推销。著名酒品有：百事吉、奥吉尔、金花、轩尼诗、人头马、御鹿、拿破仑、长颈、大将军、金马、金像。

（3）根据酒龄推销。白兰地酒是最具传奇色彩的，尤其是它那特殊的陈酿方法，酒陈酿的时间越长，纯酒精损失得越多，每年约为2%～3%。这样，白兰地的酒龄决定了白兰地的价值，陈酿时间越久，质量越好。

6. 鸡尾酒的推销

（1）根据鸡尾酒的色彩推销。鸡尾酒的色彩是最具有诱惑力的，服务人员可根据其色彩的组合，向客人介绍色彩的象征意义等。

（2）根据鸡尾酒的口味推销。鸡尾酒的口味对中国人来说，可能最初有不适应的地方，但是，当今世界上有各种流行口味可让顾客了解，如偏苦味、酸甜味等，以促进鸡尾酒的消费。

（3）根据鸡尾酒的造型推销。鸡尾酒的造型表示不同的含义，能突出酒品的风格，服务人员可通过对鸡尾酒造型的说明向客人推销。

（4）推销著名的鸡尾酒品。尽管人们对鸡尾酒不太熟悉，但是对一些著名的酒品，人们可能都听说过，如马丁尼、曼哈顿、红粉佳人等，可以通过典故来描述其特征和特殊效果。

（5）通过调酒师的表演来推销。调酒师优美的动作、高超的技艺能给予顾客赏心悦目的感受。顾客在欣赏调酒师精彩的调酒技巧的同时，会对调酒师及鸡尾酒产生浓厚的兴趣和依赖感，这样就能达到推销的目的。

（四）节日酒水推销

节日为酒吧酒水推销创造了良好的机会。很多酒吧利用节日开展一些有特色的促销活动以吸引更多的客人，有些酒吧特制各种节日酒水，增加酒水销售。

1. 春节

春节是中华民族的传统节日。在这个节日里，亲朋好友会聚在一起，共同庆祝新年的到来。酒吧应利用这一节日举办守岁、喝春酒、谢神、戏曲表演等活动，来渲染节日气氛，吸引顾客。春节期间顾客大多以家庭团圆、亲朋聚会为主要目的。酒吧酒水推销应以经济实惠为主，多推荐价格适中的果汁、软饮料、啤酒、葡萄酒以及低酒精饮料。

2. 元宵节

农历正月十五，我国各地都举办花灯会、舞狮子、踩高跷、划旱船、扭秧歌等传统活动。酒吧可利用自身的设施和场地举办元宵节卡拉 OK、舞会专场。元宵节光顾酒吧的顾客多以单位、公司同事为主，酒水推销也应考虑节日气氛，以低酒精饮料或软饮料为主。

3. 复活节

每年春分月圆的第一个星期日为西方的复活节。复活节期间，酒吧可绘制彩蛋用于出售或赠送，推销带有复活节气氛的饮品。

4. 端午节

农历五月初五是中国的一大节日——端午节。在我国，一些公司、企业、机关利用这一时间举行聚会，这是酒吧经营的黄金时段。酒吧应采取各种活动尽量推销各种酒水。

5. 七夕

农历七月初七是七夕，是中国人较为浪漫的节日。现在我国青年人多过此节日。酒吧可以举办情侣舞会或化装舞会，一方面可特制情侣喜欢的鸡尾酒，另一方面可增加鲜花的销售。

6. 中秋节

中秋节是我国的传统节日。酒吧根据中秋节特点举办赏月、民乐演奏等活动并推出思亲酒，让人们边赏月、边吃月饼、边饮酒，增加节日氛围。

（五）酒水的季节推销

因季节的不同，人们对酒水的消费习惯也有差别，做好季节推销是酒吧酒水销售的一个重要环节。

1. 夏季酒水推销

（1）夏季天气炎热，是酒水推销的黄金季节。清凉解渴的饮品是最受欢迎的，如碳酸饮料、啤酒等。

（2）夏季酒水销售成本最低。在夏天，大部分饮品销售都需加冰块。冰块既可以使酒水温度降低、口感增加，又可以降低酒水的成本。

2. 冬季酒水推销

冬季酒水推销一般以热、甜饮为主，如茶、咖啡、牛奶、热巧克力奶等是冬季最常见的饮品；以热茶、咖啡、牛奶为基础的混合饮料，如皇家咖啡、爱尔兰咖啡、热蛋诺等也是冬天酒吧最受欢迎的饮品。

（六）酒水促销（以白酒促销为例）

酒店终端是白酒商家必争之地，酒店促销伴随着商家短兵相接的竞争愈演愈烈。市场表明，酒店促销策略开始不断特色化和细分化，酒店的档次、地段、节日氛围、消费环境等客观因素都得到了很多一线推销人员的注意，但是他们却常常忽视了对酒店终端三类人群的细分。

1. 主流酒店老板

促销目的：白酒，尤其是中高档白酒，其消费主要集中在酒店终端。酒店老板在白酒销售环节上充当的角色至关重要。白酒要进入酒店，除了给予酒店一笔数额巨大的进场费之外，还必须要针对酒店老板开展促销，只有这样，一方面可以通过酒店老板直接向消费者推销产品，另一方面能够保证产品在酒店开展的活动能正常进行销售。

促销手段：白酒上市铺货离不开惯用的销售返点政策。对于盘中盘操作的白酒产品来说，产品上市时期直接以返点的方式，给予酒店老板直接利益，激发酒店老板推销白酒新产品的积极性。主要以铺货返利和销售返点两种常用方式，满足酒店老板的心理期望值。铺货返利政策主要是指在新产品上市前一至两个月，凡一次性进货2箱的酒店，赠送一或两瓶新产品白酒，以此类推，或同时附带赠送精美烟具、酒具和茶具等。另外对于销售返点政策也可以制定4%~6%的返点比率，直接以该白酒作为返利，酒店每月和业务员直接结算，快速且有效地激发酒店老板的积极性。

对于新产品来说，产品上市后期仍然需要较好的促销延伸销售曲线，比如旅游促销这种方式就比较适合在产品上市后期推出，对产品销售达到一定量的酒店，定期组织酒店老板外出旅游，为其准备酒店管理、员工管理等相关培训。

2. 酒店促销员或服务员

促销目的：白酒完成销售过程的最后一个环节，就是酒店促销员或服务员将产品成功推荐给消费者，这产品销售是白酒产品实现销售工作的最重要的一个环节，也是最后的"临门一脚"。那么，如何激发酒店促销员或服务员推销产品的积极性，无疑就成为各白酒厂家最为关心的问题。白酒新产品的专职促销员也是产品品牌的载体，他们偕同白酒产品一同出现在终端，对产品的销售具有很强的推动力。同时具有良好形象和促销技巧的专职促销员，还可以在很大程度上支撑品牌的口碑宣传，提升产品品牌的消费形象，有效拉近产品和消费者之间的距离。

促销手段：对于白酒新品而言，在特定的上市时期率先突破特定酒店（非连锁性大店以及管理不太规范的酒店），能够快速激发酒店终端氛围，激活区域市场。通过一系列的调研分析，我们发现一个激发酒店促销员或服务员积极性最为有效的策略手段——设置开瓶费。主要是通过在每瓶酒内设置一个特定的身份验证号码，酒店促销员或服务员凭借这个独一无二的号码和厂家（或经销商）直接兑换现金。同时对不同产品的档次进行细分，比如高档礼品装每瓶可兑换 20～30 元，主销产品每瓶可兑换 8～15 元，中低档每瓶则可兑换 5 元。对于专职促销员，也可以根据产品的档次予以提成。该方案优点是促销员能及时得到实惠，有效提高其积极性；但缺点是酒店老板一旦发现，活动便很难继续开展。

促销策略主要分为两类：一是文化性促销。招聘仪表端庄得体、形象佳、语言表达流利的年轻女性专职促销员，并为她们设计简洁而不失其秀气的统一服装，风格要与产品品牌风格相一致，让她们熟悉促销产品品质及品牌内涵，尤其是产品包装所内含的酒文化，让她们在推荐产品的时候传播其内在的文化内涵。二是娱乐化促销。在酒店由专职促销员组织一些具有娱乐性的节目，比如在酒店内设置卡拉 OK 卡座，凡是饮用该产品的消费者都可以挑选专职促销员唱歌，也可以为朋友现场点歌，还可以在晚宴上参加幸运抽奖等活动。

3. 酒店消费者

促销目的：促销的最终目的就是让消费者购买产品。白酒新产品上市进行促销，至少具有两个方面的作用，一方面实现销售，促使消费者尝试性购买产品，营造市场氛围；另一方面通过策略性促销的开展，树立新产品的品牌形象。

促销手段：促销上演玩"币"风暴。新产品上市初级阶段需要通过强有力的促销活动，迅速引爆市场，尤其要善于利用节日促销。产品上市初期，首先必须具备良好的促销策略支撑，新产品上市直接以经济利益刺激消费者，以降低其消费风险为诱惑，可以在很大程度上提高消费者的首次尝试率。新品上市前几个月利用外币（美元、港币）促销，抓住产品已经进入的核心酒店，加大促销力度，每箱里设置两张一元美金、两张十元港币、两张五元人民币，单瓶促销费用控制在六元以下。比如高炉家酒的一美元外币促销形式对消费者而言就很有吸引力，而且操作方式简单，还可以较好地避免在执行中出现问题。除此以外，还可以利用有奖促销的手段进行推销。采用刮刮卡和礼品赠送等形式，设立极具文化与收藏价值的礼品，开展集卡有奖活动；在每瓶酒内设置制作精美的金箔书签，也可以将产品包装设计成精美古典的收藏品。礼品设置要注意其文化性、价值性、品位性。

五、菜肴和酒水推销案例与评析

【案例一】

上海某大饭店的餐厅内来了两位中年宾客。他们身着高级西服，面色黝黑，操着一口不太标准的普通话，看上去像是少数民族客人。服务员安排他们入座后，便开始请他们点菜。两位客人随即点了几个中低档的菜，并要了几瓶啤酒。酒、菜上桌后，他们便狼吞虎咽地用起餐来。客人的胃口很好，不一会儿，酒、菜都吃得差不多了。服务员走上前想问他们还需要什么。一位客人问她还有什么好的酒水和菜肴。服务员心想，刚才点菜的时候他们没有点名贵的酒菜，现在又想要好的，可能只是随口问问而已。因此，她不以为然地告诉他们："好酒、好菜有的是，就是价钱太贵了。"两人一听，脸上顿时显露出愠色，一位客人从随身带的皮包里拿出厚厚的一叠 100 元人民币，在服务员面前一放，然后用生硬的普通话说："把你这里最好的酒和菜都端上来，我们有的是钱。"服务员见此情景不禁一愣，连忙赔笑说："先生，我不是这个意思，我是看你们吃得差不多了，以为你们吃好了。真是对不起，我马上去拿菜单，请您随意点菜。"服务员一边说着一边忙劝他们把钱收起来，并把菜单取了过来。在她热心的介绍和推荐下，客人又点了一个高档菜、两杯高级的法国酒。服务员善意地劝告他们，先品尝一下酒和菜，觉得好再继续要。在服务员的耐心介绍和热情服务下，客人的不满终于消失了，一位客人向她点点头说："如果你在我们第一次点菜时也这样服务的话，我们会更加高兴。"

【评析】

在餐饮推销服务中，服务员要善于观察宾客的消费需要和消费心理，不能只从直观的现象来分析宾客的消费能力，更不能讲一些有伤客人自尊心的话。本案例中的服务员只是从客人用餐标准一般、用餐快要结束等表面现象来判断宾客的要求，虽然是无意中说出"价格太贵"的话，结果还是得罪了客人。此外，在餐饮推销服务中，服务员要有强烈的推销意识和高超的服务技巧。本例中的服务员在客人刚开始点菜时，没有积极推荐和介绍高档的酒、菜，失去了一次推销的机会。在客人想要高档酒、菜时，又错误地认为他们在开玩笑，又失去了一次推销的机会。服务员应该懂得只要餐饮活动还没有结束，就存在推销服务的机会，在任何时候都不应放弃推销。当然，服务员要从客人的角度考虑，替他们节省费用是件好事，但要对消费对象判断准确，并通过有技巧的语言来加以试探，如善意地向宾客介绍菜肴和酒水的容量与价格，根据需求情况帮助他们选择，并一定要尊重客人意见。

【案例二】

1999年10月2日上午，张老师一家和几个外地的亲朋好友在游览完天安门广场后，慕名来到北京和平门"全聚德"烤鸭店用餐。刚到餐厅门前，他们便发现等候用餐的人很多，张老师看了一下手表，心想，这才上午10点40分，怎么会有这么多人等候用餐呢？为了不使亲戚和朋友失望，他们耐心等候，终于在11点30分等到了一张餐桌。入座后，服务员马上斟满茶水，递上菜单，请他们点菜。虽然张老师一家住在北京多年，但从没有在"全聚德"吃过烤鸭，因此恳请服务员帮忙推荐。服务员热心地向他们介绍了"北京烤鸭"的历史、种类、加工方法，挂炉烤鸭的特点和食用方法，以及"全鸭席"的制作情况。听了服务员的介绍，大家兴致倍增，非常满意地按服务员小姐推荐的菜单点了一些高档菜肴，光烤鸭就要了3只，茅台酒1瓶，还要了若干啤酒和饮料。一顿饭下来，花了2 000多元，这对张老师一家来说可算是出了一回"大血"，但大家都显得非常高兴。在服务员小姐礼貌地向他们道别时，张老师手里拿着打好包的饭盒，连声向服务员小姐表示感谢，并说有机会还要来这里吃烤鸭。两周后，张老师看到一篇报道："和平门烤鸭店在10月2日这一天，卖出10 924只烤鸭、8 000个芝麻烧饼、4 700斤荷叶饼，营业额达68万元，创京城独立餐馆营业以来的最高纪录。"看了报道后，张老师惊叹不已，赶忙让妻子过目，两人对能够亲自体验到那一天"京城烤鸭大拍卖"的盛况而津津乐道。

【评析】

本例虽不直接涉及星级饭店的餐饮推销服务，但利用品牌效应和节假日营销的推销策略，却很值得借鉴。一个独立餐馆的日营业额竟然高达 68 万元，这是包括具有数百间客房和众多餐厅在内的五星级宾馆也难以达到的数字。这充分说明，品牌效应和营销时机是餐厅推销服务的关键。如果饭店能够推出像"北京烤鸭"那样誉满全球的知名产品，如果餐厅能够充分利用节假日等良好的推销时机，开展形式多样的推销活动，那么，饭店餐饮的推销服务将会充满活力，从而在市场竞争的热潮中占有更多的份额。案例中服务员的推销方法，也有值得饭店学习的地方。服务员没有因为繁忙而放弃推销的机会，而是耐心地从多方面、多角度、多层次向宾客介绍了"北京烤鸭"和"全鸭席"的内容，满足了宾客精神方面的需求，使宾客产生了购买其推荐产品的欲望，最终达到了推销的目的，并取得了较好的推销效果。可见，推销中的介绍和推荐非常关键。要想做好介绍和推荐，必须对餐饮产品的文化内容有充分的了解，这就要求服务人员能努力学习，不断丰富有关餐饮方面的各种知识。

【案例三】

星期日中午，雷先生一家三口来到北京某饭店的中餐厅吃午饭。点菜时，服务员微笑着询问雷先生想吃什么菜。雷先生考虑了一下，告诉服务员，想要一些口味清淡、不太辣的菜。于是服务员向他们推荐了几样中高档的广东菜，并介绍了广东菜的特点："广东菜由广州菜、潮州菜和东江菜组成，讲究原料和烹饪方法，口味清淡鲜美，突出菜的质量和原味。比较有名的菜是'红烧大裙翅'、'片皮乳猪'、'蛇羹'、'清汤鱼肚'、'一品天香'、'盐焗鸡'、'冬瓜燕窝'、'油爆虾仁'等。我们餐厅有从广州白天鹅宾馆请来的特级厨师，做出来的菜都保持了广东菜的正宗风味。如果您感兴趣，可以在我给您推荐的菜中挑选几样尝尝。"听了服务员的介绍，客人很放心，并按服务小姐的推荐点了菜。每上一道菜，服务员都热心地为他们介绍，使他们的进餐过程充满了乐趣。经过品尝，客人确实感到这家饭店的菜品鲜美，味道不同寻常。用餐结束时，雷先生又告诉服务员，希望能带走一份味道鲜美、质量上乘、适合老人享用的菜，给行动不便的老母亲品尝。服务员热情地为他推荐了"燕窝黄翅煲"，并告诉他此菜营养丰富、质量上乘，属于粤菜中的精品，非常适合老年人食用。在征得雷先生的同意后，服务员忙替他们安排加工。加工后，连同餐桌上剩余的食品，服务员都进行了精心的包装。雷先生临走时感激地对服务员说："这顿饭我虽然花了不少钱，但非常高兴，对你的服务非常满意，有机会还要来这里吃广东菜。希望下次能为我们推荐一些味道更好的菜。"

【评析】

在餐饮推销服务中，一定要注重优质服务和周到服务，只有在优质服务的基础上才能取得客人的信任，保证推销的效果。本例中的服务员，在了解了客人的口味特点后，适时、适度地为他们介绍了广东菜的内容，并在上菜过程中继续推销，详细介绍菜品的特点，引起客人的兴趣，其周到服务的风格又满足了客人的需求心理，使推销服务的进程十分顺畅。良好的推销意识是保证推销服务成功的关键。只有具备了建立在良好服务意识基础之上的推销意识，才能在餐饮服务的全过程中不断发现推销的机会。本例中第二次推销的机会就是在客人用餐结束之后发生的。这说明，推销服务不完全是在客人点菜的时候进行，由于服务员以优质和周到的服务赢得了客人的信任，激发起他们的购买欲望，因此他们会在使用餐饮产品的过程中继续消费。

【案例四】

气派豪华、灯红酒绿的餐厅中，顾客熙熙攘攘，服务员在餐桌之间穿梭忙碌。一群客人走进餐厅，引座员立即迎上前去，把客人引到一张空餐桌前，让客人各自入座，正好十位客人，坐满一桌。

服务员小方及时上前给客人上茶。客人中一位像是主人的先生拿起一份菜单仔细翻阅起来。小方上完茶后，便站在那位先生的旁边，一手拿着小本子，一手握着圆珠笔，面带微笑地静静等待他点菜。那位先生先点了几个冷盘，接着有点犹豫起来，似乎不知点哪个菜好，停顿了一会儿，便对小方说："小姐，请问你们这儿有些什么好的海鲜？""这……"小方一时有点答不上来，"这就难说了，本餐厅海鲜品种倒是不少，但不同的海鲜档次不同，价格也不同，再说不同的客人口味也各不相同，所以很难说哪个菜特别好。反正菜单上都有，您还是看菜单自己挑吧。"小方一番话说得似乎头头是道，但那位先生听了不免有点失望，只得应了一句："好吧，我自己来点。"于是他随便点了几个海鲜和一些其他的菜肴。

当客人点完菜后，小方又问道："请问先生要什么酒和饮料？"客人答道："一人来一罐青岛啤酒吧。"又问："饮料都有哪些品种？"小方似乎一下子来了灵感，忙说道："哦，对了，本餐厅最近进了一批法国高档矿泉水，有不冒气的 evian 与冒气的 perrier 两种。""矿泉水？"客人感到有点意外，看来矿泉水不在他考虑的饮料范围内。"先生，这可是全世界最有名的矿泉水呢。"客人一听这话，觉得不能在朋友面前丢了面子。便问了一句："那么哪种更好呢？""那当然是冒气的那种好啦！"小方越说越来劲。"那就再来 10 瓶冒气的法国矿泉水吧。"客人别无选择地接受了小方的推销。

服务员把啤酒、矿泉水打开，冷盘、菜肴、点心、汤纷纷呈上来，客人们在主人的盛情之下美餐一顿。

最后，当主人到账台结账时一看账单，不觉大吃一惊，原来一千四百多元的总账中，10 瓶矿泉水竟占了 350 元！他不由嘟哝了一句："矿泉水怎么这么贵啊？""那是世界上最好的法国名牌矿泉水，卖 35 元一瓶是因为进价很贵呢。"账台服务员解释说。"哦，原来如此。不过，刚才服务员可没有告诉我价格呀。"客人显然很不满意，付完账后便快快离去了。

【评析】

本案例中服务员小方在给客人销售菜肴、饮料的过程中，犯了两个极大的过失。

一是推销不当。当客人主动询问有哪些好的海鲜菜肴时，小方不应该消极推辞，放弃推销的职责，而完全可以借机详细介绍本餐厅的各种海鲜，重点推荐其中的特色品种，甚至因势利导地推销名贵海鲜，客人也会乐意接受，这样既满足了客人的要求，又增加了餐厅的营业收入，何乐而不为呢？

二是推销过头。餐馆推销必须掌握分寸，超过了一定限度，就会适得其反。像法国名牌矿泉水，这是为满足某些客人的特殊需求而备的，一般不在服务员的推销之列，若有客人提出要喝法国矿泉水，就说"有"即可。像小方那种过分推销，会使客人处于尴尬境地，虽能勉强达到推销目的，但到头来反而引起客人更大的不满，很可能就此失去了这个顾客，是很不值得的。

第五节　中国传统节日菜肴与酒水促销方案

一、餐饮行业促销活动方案的方法与技巧

金融风暴席卷全球，给餐饮企业也带来较严峻的挑战，一些餐厅因此受到冲击，使得风光不再。有的餐厅，在菜式定价上，以前惯用的毛利率加成定价法已行不通，只能"降低身份"采用随行就市定价法，营业额大大减少，效益严重下滑。不少餐饮企业管理人员发现即使他们引进市面的流行菜式，采取降价、优惠、特价菜点等多种措施，仍然收效甚微。餐饮业陷入迷惘，出路何在？面对餐饮行业之间的竞争，餐厅若只靠宣传自己的菜系、价格、品种来参与竞争，其结果往往达不到预期的效果，所以餐厅需要组织一些促销宣传活动来配合整体的广告宣传和相关的促销活动。对此，餐饮企业如何通过正确的策划促销活动来打造自己的饮食文化，让餐厅特有的文化感染到每一个来就餐的客人呢？

（一）人员推销

在餐厅中的每一个人都是潜在的推销员，这包括餐厅经理、厨师、服务人员以及顾客。有效地发挥这些潜在推销员的作用同样会给餐厅带来利润。

1. 厨师

利用厨师的名气来进行宣传推销，会吸引一批客人。对于重要的客人，厨师可以亲自端送自己的特色菜肴，并简短地介绍原料及烹制过程。

2. 服务人员

鼓励登门的顾客最大限度地消费，这一重担主要落在服务员身上。服务员除了提供优质服务外，还得引导客人进行消费。其中，服务人员对顾客进行口头建议式推销是最有效的。但是有些口头建议不起作用，如"您不想要瓶酒来佐餐吗"，而另一些则具有良好的效果，如"我们自制的索特恩白葡萄酒味道很好，刚好搭配你们订的鲽鱼片"。可见，服

务人员的推销语言对推销效果起着至关重要的作用，要培训所有服务人员（尤其是订菜单人员）掌握语言的技巧，用建议式的语言来推销自己的产品和服务。

建议式的推销要注意几个关键问题：

（1）尽量使用选择问句，而不是简单地让客人用"要"和"不要"回答的一般疑问句。

（2）建议式推销要多用描述性的语言，以引起客人的兴趣和食欲。"一份冰淇淋"远没有"一份新鲜加利福尼亚桃子做的冰淇淋"来得有诱惑力。

（3）建议式推销要掌握好时机，根据客人的用餐顺序和习惯进行推销，才会收到更好的效果。

3. 顾客

顾客是餐厅的上帝。餐厅赢得顾客的一句好话，顾客的评价胜过餐厅任何员工的无数好话。顾客的评价在潜在顾客中的影响力非常大。因为潜在的客人有时候宁愿相信顾客的话也不相信餐厅人员的话。

富源餐馆董事会主席唐·托马斯曾在《餐馆业》杂志上刊登的一篇文章中写道："如果你对顾客的抱怨听之任之，不加以改正，那么你将会发现，你们餐馆的客人会一天一天地减少。"

可见，在推销过程中，客人的抱怨是不容忽视的。所以对抱怨的客人应给予一定的补偿，即提供免费服务或折扣优惠等，纠正顾客对本产品和服务的偏见，使他们再度光临，并乐于向别人推荐你的餐馆。

4. 餐厅经理

传统饭店总裁比尔·伯恩斯说过："我们饭店的总经理、销售部经理和我，每天从中午12点到下午1点都站在饭店的大厅和餐厅的门口，问候每一位客人，同他们握手。当然我们希望以此赢得更多的生意。"

如果餐厅经理也采用此法，就会让客人感到自己被重视、被尊重，就乐意来就餐，并有利于刺激消费。

不要轻视经理的名片。经理不管在什么地方，甚至在社交场合，对遇见的每个人，特别是接待员和秘书要非常礼貌，面带微笑但不过分地一边向潜在顾客作自我介绍，一边递上名片。这样，潜在顾客就能清楚地知道你的名字和你所属的餐厅。潜在顾客在下次选择餐厅时可能就会选择你所属的餐厅

（二）气氛

对整个饮食行业来说，室内装饰是一个有力的推销手段，像情调和气氛这些难以捉摸的东西对餐馆的收入有直接影响。

一个餐厅的气氛是在几种因素影响下形成的，即音响、餐厅摆台、餐厅民族特色、座位布置和形式、餐桌和椅子数目、餐厅形状和面积、服务人员（年龄、性别、外表、服饰）、餐厅卫生和服务人员的个人卫生、其他客人、餐厅温度和湿度、餐厅装潢（灯光、色彩等）、舒适程度以及这些因素的协调性。

在设计餐馆时，你得让自己成为好莱坞的一名"导演"，下面的介绍会帮助读者打开

一些思路，提高创造力。

1. 异国情调的设计

餐厅选用某一国的特色来设计布置，收集该国的民俗工艺品在店内展示装饰，用该国的国旗、国花和民歌渲染气氛，其家具、设备也有一定的异国特色，推销该国的菜肴或酒水。在办异国食品节时也可用此法。

2. 宠物餐厅

有许多供应野味的餐厅和以吸引儿童为主的餐厅常布置成动物园式的餐厅，顾客一进餐厅就听到动物的叫声，如鸟、狗、青蛙等的叫声，还有鹦鹉招呼客人"欢迎、请进"，或用英文招呼客人。餐厅内张贴各种宠物的照片，如各类狗、猫、昆虫的图片等，附有动物简介和宠物比赛的新闻，来吸引客人。

3. 运动餐厅

有些餐厅在一侧设有小型室内高尔夫练习场，依照顾客入洞次数，餐厅可打折扣。有的餐厅备有握力计、背肌力测定器、飞标、扩胸器等运动器材，来吸引爱好运动的顾客。

4. 未来世界情调的餐厅

以新型太空材料进行装潢，让人置身于时光隧道般的氛围中，将未来世界的知识性、超现代感来作为吸引客人的推销手段。

5. 明星餐厅

在餐厅内张贴各种明星们的照片（也许是当代大红大紫明星的照片，也许是几十年前著名明星的照片），陈列明星们用过的东西（服饰、拍片用的道具等）、放些资料片或歌曲，并附有简介，以吸引客人，尤其是追星一族。

6. 一厅多风格

把大餐厅分隔成一个个小间，每一小间用不同的装饰风格，体现不同的主题。例如有些餐馆每晚都变换一个主题，星期一是"巴黎之夜"，配上法式菜单和法式装饰，女招待也穿法式服装；星期二又变成"威尼斯之夜"，场景也随之更改。不光改变菜单，整个视觉环境也随之改变，这些做法已被证明是成功的。

（三）服务新招与推销

寓推销于额外服务中是十分常见的推销方法。许多餐厅常常用各种服务上的新招来吸引客人。

1. 附加服务

如在下午茶服务时，赠送一份蛋糕、给女士送一枝鲜花等。

2. 表演服务

乐队伴奏、钢琴演奏、歌手驻唱、现场电视、卡拉 OK、时装表演等形式也能起到推销的作用。

3. 情调服务

白天是正统的餐厅，晚间则改为俱乐部、酒廊、卡拉 OK、歌舞厅等，具有充分利用场地的优点。

4. 知识性服务

在餐厅里备有报纸、杂志、书籍等以便客人阅读，或者播放外语新闻、英文对话等节目，或者将餐厅布置成有图书馆风格的餐厅。

这些服务上的新招，在推广时要注意：

（1）有一定的新奇性，不落俗套。

（2）有话题性，能吸引人们的注意，并产生影响。

（3）具有幽默性，生动活泼。

（四）广告

1. 免费广告

免费广告是由信用卡公司提供的。当餐馆是信用卡公司的客户时，该公司会及时地为其客户购买广告版面，另外公司还会在发给个体信用卡持有者的信函上登广告，这些广告都是免费的。如果你拥有某信用卡公司的信用卡，则应及时与他们取得联系，提出希望他们给你登广告的意愿。

2. 路旁广告牌

路旁广告牌能将广告的内容传递给成千上万个驾车驶过的人。如果这些广告牌位于市中心的道路两侧，看到这些广告牌的，除了车主和乘客以外，还有众多的过往行人。不管怎样，许多高速公路上的标牌仍使许多旅行者住宿在其指向的汽车旅馆。

3. 标志牌

标志牌应详细地说明餐厅的名称和地址，告诉顾客餐厅待售的服务，有助于说服潜在的顾客到餐厅来。假日旅馆建筑物上面的标牌起着多方面的作用，它不仅指明了假日旅馆就在此处，而且，标牌上可以变动的字母还能及时地告诉人们饭店的活动和服务项目。

4. 餐厅门口的告示牌

张贴诸如菜肴特选、特别套餐、节日菜单和增加新的服务项目等的告示。其制作同样要经专业人员之手，要和餐厅的形象一致。另外，用词要考虑客人的感受。"本店晚上十点打烊，明天上午八点再见"，比"营业结束"的牌子来得亲切。同样"本店转播世界杯足球赛实况"的告示，远没有"欢迎观赏大屏幕世界杯足球赛实况转播，餐饮不加价"的推销效果佳。

5. 电梯内的餐饮广告

电梯的三面通常被用来做餐厅、酒吧和娱乐场所的广告，这对顾客而言是一个很好的推销方法。陌生人一道站在电梯内是比较尴尬的，周围的文字对其则更为有吸引力，也能更好地取得效果。

6. 帐篷式台卡

用于推销某种鸡尾酒、酒水、甜品等，印刷比较精美，同时应印上店徽、地址、电话号码等资料。

7. 借约广告

借约是指以服务抵偿债务，即餐厅以食品饮料的服务来抵偿餐厅为登广告而购买的版面和时间。一般说来，餐厅在缺少广告经费时，才会考虑采用借约广告。而且，必须把这种抵偿的时间限制在餐厅生意清淡的日子，否则借约就不值得了。

（五）内部宣传品推销

在店内餐饮推销中，使用各种宣传品、印刷品和小礼品进行推销是必不可少的。常见的内部宣传品如下：

1. 火柴

餐厅每张桌上都可放上印有餐厅名称、地址、标记、电话等信息的火柴，送给客人带出去做宣传。火柴可定制成各种规格、形状、颜色，以供不同餐厅使用。

2. 小礼品

餐厅常常在一些特别的节日和活动时间，甚至在日常经营中送一些小礼品给用餐的客人，这些小礼品要精心设计，根据不同的对象分别赠送，其效果会更为理想。常见的小礼品有：生肖卡、印有餐厅广告和菜单的折扇、小盒茶叶、卡通片、巧克力、鲜花、口布套环、精制的筷子等，值得注意的是，小礼品要和餐厅的形象、档次相统一，要能起到积极的推销、宣传效果。

3. 定期活动节目单

餐厅将本周、本月的各种餐饮活动、文娱活动列成活动节目单并印刷出来，将其放在餐厅门口或电梯口、总台，以传递活动信息。这种活动节目单要注意，一是印刷质量，要与餐厅的等级相一致，不能太差；二是一旦确定了的活动，不能更改和变动。在节目单上一定要写清时间、地点、餐厅的电话号码，印上餐厅的标记，以强化推销效果。

（六）用价格来进行推销

1. 折扣优惠

折扣优惠一般是鼓励客人反复光顾餐厅和在餐厅营业的淡季时间里购买、消费。因此在消费达到一定的数额或次数后，餐厅将给予一定的折扣优惠，另外，餐厅在淡季和非营业高峰时间推广"快乐时光"，实行半价优惠和买一送一等推销方法。

对于大量积压的产品，也可采用此法进行推销。但是，并不是所有的降价手段都能为餐厅产品带来更多的销售量。相反，它有时甚至可能引起餐饮产品在市场中的地位或形象的降低。所以决定折扣时应考虑以下因素：

（1）价格折扣能否增加销售数量和销售额。

（2）是否处于经营的低谷时间。

（3）是否非进行价格折扣不可，能否采取其他措施提高销售额。

（4）采用价格折扣后能否保本，能否盈利。

2. 奇数定价法

针对客人的不同心理进行产品的定价，并以此进行促销，同样会引导、刺激顾客进行消费。心理定价最常用的是奇数定价法。

有人对美国242家餐厅做过一次调查，结果发现，58%的餐厅的菜单价格以阿拉伯数字9结尾，35%的价格以5结尾，6%的价格以0结尾。

餐厅价格的末位数上已不出现1、2、3、4、6、7这几个数字。经济等级餐厅的菜肴价格的尾数常是9，而在一些档次较高的餐厅，数字5常在价格的尾数上出现。

（七）用菜单进行推销

固定菜单的推销作用是毋庸置疑的。除固定菜单外，应当还有其他类的推销菜单。

1. 儿童菜单

增加对儿童的推销，供应一定数量的符合儿童口味的菜肴。

2. 情侣菜单

供应双份套餐，菜名比较浪漫，菜肴也比较符合年轻人的口味。

3. 中年人菜单

根据中年人体力消耗的特点，提供满足他们需求的热量的食品，吸引讲究美容的这部分客人。这种菜单往往外带较多，应印上餐厅的地址、订座电话号码等，以便推销。另外房内用餐菜单和宴会菜单等都具有同样的推销作用。

4. 特选菜单

特别推销一些时令菜、每周特选和新出品种等，可以丰富固定菜单，也使常客有新的感觉。

餐厅应根据具体情况，交换菜单进行推销，但变换菜单必须：

（1）根据不同地区的菜系变换。

（2）根据特殊的装饰和装潢变换。

（3）根据餐厅中特殊的娱乐活动变换。

（4）根据食品摆布及陈列的特殊方法变换。

（八）餐厅烹制

在餐厅里进行部分菜肴的最后烹制是一种有效的现场推销形式。它可以渲染气氛，通过其烹制，让客人看到形、观到色、闻到味，从而促成他们的冲动型决策，使餐厅获得更多的销售机会。餐厅烹制要具备一定的条件，特别是有较好的排风装置，以免油烟影响到其他客人，污染餐厅。

（九）试吃

有时餐厅想特别推销某一种菜肴，可采用让顾客试吃的方法促销。用餐车将菜肴推到客人的桌边，让客人先品尝一下，如喜欢就请现点、不合口味的再请点其他菜肴，这既是一种特别的推销，也体现了良好的服务。大型宴会也常采用试吃的方法来吸引客人，先请主办人来品尝一下宴会菜单上的菜肴，取得认可，也使客人放心，这同时也是一种折扣优惠，免费送一桌筵席。

（十）名人效应

餐厅邀请当地的知名人士或新闻人物来餐厅就餐，并充分抓住这一时机，向新闻机构大力宣传，并给名人们拍照，请他们签名留念。然后把这些相片、签名挂在餐厅里，来增加餐厅知名度，树立餐厅形象。

（十一）让客人参与的推销

推销只有让客人自己参与进去才能起到好效果，也才能成为话题，给客人留下较深的印象。如当某一特别的菜肴推出时，附一张空白的烹制方法卡给客人，让客人填写后交还餐厅，这种类似小测验的推销，既能使客人中奖赢得免费用餐的优惠，又提高了该菜肴的销售量。又如为了鼓励客人反复购买某一菜品，像汉堡包、意大利比萨等，附一张卡片，说明收齐10张卡片后，可免费获得一份赠送品。

日本麦当劳采用"浮现游戏法"，使每月的销售额提高16%。所谓"浮现游戏法"，就是在卡片上印着3 000日元、2 000日元和1 000日元等奖励金额的字样，上面覆盖着一层银色膜，顾客只要用指甲轻搓这层银色膜就可以看到奖励金额的字样，并得到相应的奖励了。对顾客来说，一边用餐，一边参与游戏，实在太刺激了。

（十二）建立信誉

日本麦当劳的信条是：不要让顾客等30秒钟以上。经过科学分析，人在对话时，想得到对方的反应，以30秒钟为限，超过这个时间，就会感到焦虑。因此，客人点菜后，必须在30秒钟内上菜，否则，客人一定会不耐烦。麦当劳还认为，他们有责任随时为顾客提供卫生的熟食，所以他们规定汉堡包做好后，若10分钟内没有卖出去，就会被丢掉，而炸薯条在做好后的7分钟里没被卖掉的话也会被丢掉。餐厅只有把自己的餐饮产品和服务与顾客利益结合起来才能建立良好的信誉。良好信誉不仅能提高客人回头率，又能吸引潜在客人，从而增加营业收入。

（十三）展示实例

在餐厅橱窗里陈列菜肴的模型或图片，包括摆设整齐的餐桌和宴会现场的照片，或陈列一些鲜活的猛禽海鲜，以此来吸引顾客，推销自己的餐饮产品。

（十四）特别促销

1. 节日推销

推销是要抓住各种机会甚至创造机会吸引客人购买，以增加销量。各种节日是难得的推销时机，餐饮部门一般每年都要做自己的推销计划，尤其是节日推销计划，使节日的推销活动生动活泼、有创意，能取得较好的推销效果。

（1）春节。这是中国的民族传统节日，也是让在中国过年的外宾领略中华民族文化的节日。利用这个节日可推销中国传统的饺子宴、汤圆宴，特别推广年糕、饺子等。同时举办守岁、喝春酒、谢神、戏曲表演等活动，丰富春节的生活，渲染节日气氛。

（2）元宵节。农历正月十五，可在店内、店外组织客人看花灯、猜灯谜、舞狮子、踩高跷、划旱船、扭秧歌等，参加民族传统庆祝活动，可特别推销各式元宵。

（3）圣诞节。12月25日，是西方第一大节日，人们穿着盛装，互赠礼品，尽情享受节日美餐。在餐厅里，一般都布置圣诞树和小鹿玩偶，有圣诞老人赠送礼品。这个节日是餐饮部门进行推销的大好时机，一般都以圣诞自助餐、套餐的形式招徕客人，推出圣诞特选菜肴，如火鸡、圣诞蛋糕、李子布丁、碎肉饼等，组织各种庆祝活动，唱圣诞歌，举办化装舞会、抽奖活动等。圣诞活动可持续几天，餐饮部门还可用外卖的形式推销圣诞餐，扩大销量。

（4）情人节。2月14日，这是西方一个浪漫的节目。餐厅可推出情人节套餐。推销心形高级巧克力，展销各式情人节糕饼，酒吧也特制情人鸡尾酒，一根双头心形吸管可增添许多乐趣。餐厅还可增加一个卖花女，推销鲜花应该会带来一笔可观的收入。同时，举办情人节舞会或化装舞会，举行各种文艺活动，演奏抒情音乐及表演舞蹈如《梁山伯与祝英台》、《罗密欧与朱丽叶》等。

中国的传统节日还有很多，如清明节、端午节、七夕节、中秋节、重阳节等，只要精心设计，认真加以挖掘，就能设计出有创意的推销活动。当然，西方的节日除了圣诞节、情人节之外还有很多，如复活节、感恩节、万圣节、开斋节、古尔邦节、啤酒节等，它们不但在外国客人中有市场，对国内客人同样也有一定的吸引力。

2. 组织俱乐部进行促销

各种餐厅、酒吧都可以吸引不同的俱乐部成员，酒店是俱乐部活动的理想场所。餐饮部门一方面可以自己组织一些俱乐部，如常客俱乐部、美食家俱乐部、常驻外商俱乐部等，让他们享有一些特别的优惠。另一方面也可以和当地的一些俱乐部、协会联系，提供场所给这些协会活动。如当地的企业家协会、艺术家协会等。酒店可发给他们会员卡、贵宾卡，让他们享受一些娱乐活动和服务，如门票免费、赊账优惠和优先接待等。酒吧还可以免费替他们保管瓶装酒。酒店通过组织这样的活动，既可以吸引更多的客人，又可以扩大自己的影响，成为当地许多新闻的中心，起到间接的推销作用。

3. 举办培训班

现在餐厅最受欢迎的项目是为妇女安排的活动。如果举办活动能使妇女们感兴趣，她们就会把她们的丈夫、小孩带来，一起参加活动。所以，最能赚钱的项目就是适合女性的项目，例如：

（1）烹调技术培训课程。该课程讲授烹制美味佳肴的技术，聘请有一定知名度的厨师给学员讲解食品制作过程，并邀请他们亲临指导，并示范讲解烹制美味佳肴的诀窍。

（2）家政培训班。使学员学会怎样更有效地操持家务并节省钱财。访问那些愿意教学员修理家具、刷墙等技术的手艺人，组织学员向其学习。

（十五） 针对儿童的推销活动

儿童是许多家庭外出就餐的决策者。儿童常去的餐厅是快餐店，针对他们的推销有以下几点要注意。

（1）提供儿童菜单和儿童份额的餐饮品，多给儿童一些特别关照。

（2）提供为儿童服务的设施和用品，如儿童座椅、儿童餐具、围兜等，对小客人一视同仁。

（3）赠送儿童小礼物，尤其是选送他们喜欢的、与餐厅宣传密切相关的礼品。

（4）娱乐活动。儿童对新奇好玩的东西较感兴趣，餐厅常在一角设有儿童游戏场，放置一些木马、积木、跷跷板之类的玩具，还有的专门为儿童开设专场木偶戏表演、魔术和小丑表演，或放映卡通片、讲故事等，尤其在周末、儿童节时，这是吸引全家用餐的好方法。

（5）儿童生日推销。餐厅可以印制生日菜单，进行宣传，给予一定的优惠。例如日本麦当劳记载了约60万名小朋友的出生日期，每个小朋友在生日前几天，会收到麦当劳寄来的电脑生日卡，到了生日那天，小朋友便持卡到麦当劳来。这时，店里的工作人员除了对小寿星说一声"生日快乐"以外，还鼓掌欢迎他们的光临。餐厅还可推销生日宴如"宝宝满月"、"周岁宴会"等，从长远看，这些小朋友是餐厅的潜在顾客。

（6）抽奖与赠品。常见的做法是发给每位儿童一张动物画，让儿童用蜡笔涂上颜色，进行比赛，给获奖者颁发奖品，增加儿童的乐趣。

（7）赞助儿童事业，树立餐厅形象。餐厅可以为孤儿院等儿童慈善机构进行募捐，设立奖学金，赞助儿童体育、绘画、音乐比赛等，由此可以成为新闻焦点，树立企业在公众心目中的良好形象。

（十六）其他推销技术

（1）把体现酒吧、餐厅特色的食物广告印在账单上。

（2）让女招待穿上特别的服饰为某种饮料做广告。

（3）在"快乐时光"里，每隔半小时转一次幸运轮盘来决定饮料的价格，价格可以浮动。

（4）举办"名酒鉴赏"活动，即免费供应酒。

（5）餐馆免费给出租汽车司机供应膳食，条件是他们得向乘车顾客推荐这家餐厅。

（6）赠送优待证或优惠卡。餐厅有庆祝活动可采用此法。

（7）邀请当地居民前来喝一杯，或是开展买一赠一活动，即送一张可免费美餐一顿的优待券。

（8）聘用当地邮递人员，让其在分送报纸时顺带分发宣传品。

（9）每周花一个晚上举行侍者工作讨论会，讨论如何推销一种餐饮品。

（10）充分调动员工的积极性，鼓励他们多销售，派遣女服务员在生意清淡的午后外出为餐馆揽生意，宣传餐馆举办的周末特别活动。

（11）使用别致的餐饮器具。

当然，餐厅的推销技术还有很多，这里就不再一一做介绍。总之，主动推销必然能比守株待兔赢得更多的生意，如能明智计划、积极地推销，那么这种推销努力决不会白费，肯定会获得成功。

二、餐饮行业如何在节假日做促销

面临市场经济的萧条，各经营成本的提高，人们消费水平的降低，对于餐饮行业来说，竞争如此激烈，在求生存的过程中，难求良策来促动消费者前来消费的欲望。管理者往往感到头痛的是，如何做些与顾客互动的促销，或是怎样吸引顾客前来消费。没有促销点子，更不要说有什么促销方案了！

餐饮行业的每一位管理者都清楚，一个好的促销活动，不仅能够给餐厅带来人气消费，更能通过这个促销活动推广自己的品牌，深入到顾客群体的内心深处，为餐厅今后的发展或运营创造更多的机会。

通过餐饮信息交流，下面收集了来自于餐饮同行在经营推广中使用过的餐饮企业促销主题点子，仅供大家参考借用。将餐厅的促销活动展开得有声有色，有助于以后的经营与发展。147 种促销点子，任你根据企业的实际情况来进行选择。

（一）各类主题之夜（第 1～19 项）

第 1 项：节日活动。

餐馆可利用节日举行活动，吸引顾客来餐馆参与节日庆祝活动。例如，春节、元宵节、端午节、中秋节、国庆节、劳动节、母亲节、儿童节、父亲节、教师节、圣诞节、情人节、复活节等。

第 2 项：特别日。

餐馆要列出全年的特别日子，然后再分月列出活动的内容，制订组织活动的计划。例如，有中国法定节日，有西方的各种节日，或可以创造出各种特别的日子，包括餐馆本身的特别日子，都可以成为活动的内容。

第 3 项：答谢主题周。

可以把一个月分成一周一周来计划。比如这周定为秘书周，下周定为老板周，再下周是朋友周，接着是教师周。然后，设法联系不同类型的客户，告之那一周来用餐，可以获得特殊优惠。

第 4 项：参议员之夜。

餐馆与某些组织合作，邀请参议员来餐馆用餐，吸引想与参议员见面的顾客来餐馆与参议员见面。中国餐厅可以请人民代表来餐馆与顾客见面，听取顾客的意见和要求。

第 5 项：退休人员之夜。

餐馆为退休人员举办的活动，内容可以根据不同情况选定。例如举行老年健康演讲之夜活动，举行老年棋艺比赛之夜活动。退休人员一面用餐，一面参与或欣赏某些活动，愉快地度过一个夜晚。

第 6 项：高龄市民之夜。

餐馆邀请城市中的高龄老人来餐馆用餐，费用由餐馆提供或由相关老龄协会及其他生产与老人相关产品（如保健品类产品等）的企业赞助。中国一般在敬老日或重阳节组织这一类活动。

第 7 项：退休者青春玩笑之夜。

退休者均为老年人，但也都有青春年代。餐馆举行退休者青春玩笑之夜活动，唱青年时代的歌曲、跳青年时代的舞蹈，举行玩笑活动。

第 8 项：现场看护婴儿的"安享晚餐"之夜。

餐馆为使带婴儿来的年轻夫妇用餐时能获得安静的晚餐环境，专设看护婴儿的服务。对于平日由家中老人照顾婴儿而周末由自己照顾的年轻夫妇来说，他们到餐馆用餐，特别需要这种服务。

第9项：女士之夜。

餐馆在一些特别的日子里，与一些妇女组织合作，专门邀请女士来餐馆用餐，那晚餐厅不接待男士。为了营造气氛，在邀请函上可以对着装提出要求。例如在中国可以要求女士穿着旗袍入场等。

第10项：政府部门之夜。

餐馆举行的政府部门公职人员的晚餐会，这类活动一般是与公职人员的协会共同组织。

第11项：家庭之夜。

餐馆举办的以家庭聚会为主题的晚餐会，家庭中如有带孩子来的，可以赠送一些小玩具，也可组织以家庭为单位的小比赛。

第12项：儿童游戏之夜。

餐馆为吸引顾客带儿童来就餐，特别设立儿童游戏区域，有服务员带领孩子做游戏，孩子喜欢这家餐馆，家长就会经常带孩子来用餐。

第13项：总经理之夜。

餐馆与企业家协会或总经理俱乐部等组织合作，在某一晚上于本餐馆举行总经理之夜活动，餐馆可以给予部分赞助。餐馆经理利用这个机会结识许多总经理。

第14项：餐饮业经理之夜/厨师之夜。

餐馆与当地的餐饮业行业协会或厨师协会合作，利用餐馆举行餐饮业经理之夜或厨师之夜活动，一面用餐，一面联络感情，交流心得。

第15项：餐馆经理之夜。

餐馆可以通过与有关协会合作，邀请餐馆管理专家为餐馆经理作演讲，餐馆经理也可上台发言，交流心得。

第16项：选择你的主题夜晚。

餐馆征询顾客的意见，要求顾客选择自己喜爱的主题之夜。然后当餐馆组织某种主题之夜活动时，主动邀请感兴趣的顾客来参加。

第17项：大使馆/旅游部门。

餐馆要组织各项活动，需要请大使馆和旅游部门担任顾问，并请他们为活动内容、环境气氛提供支援，组织应邀出席的人士来参加。

第18项：每年至少一次的周年庆活动。

餐馆每年至少举行一次周年庆活动，邀请老顾客参与，给予特别优惠。

第19项：奖励活动主持人（本地）。

本地区有很多知名的活动主持人，包括慈善义卖、募捐活动主持人，电视台、电台节目主持人，拍卖活动主持人，大型文艺汇演主持人等。餐馆为提高本身的知名度，邀请这些主持人来餐馆，并给予奖励。

（二）文化活动连接（第20～45项）

第20项：演讲比赛之夜。

餐馆组织顾客自愿报名参加演讲比赛，由全体顾客推选前几名优胜者，发给优惠奖券或其他奖品。

第 21 项：免费学习语言之夜。

顾客在用餐过程中，可以不付钱而学一门语言（包括学习普通话）。学习的方法要有趣味，可以用比赛优胜的方法来学习。

第 22 项：学习之夜（厨艺、语言等）。

让厨师到餐馆来，表演他的烹饪技术，边做边教，使对烹调有兴趣的顾客（女士较多）学到一些烹饪方法。做出的作品，例如一种很特别的饮料，第一杯免费请顾客品尝，第二杯就要花钱买了。

第 23 项：主题活动（如意大利浪漫曲）。

餐馆举办一系列主题活动，如以意大利浪漫曲为主题的活动等。

第 24 项：爱好者娱乐之夜。

餐馆可以在某一天晚上举行喜爱某种娱乐的爱好者，来餐馆一面用餐，一面参与娱乐活动。

第 25 项：与体育活动连接。

餐馆与体育场馆合作，将就餐和观看或参与体育活动连接起来。或者餐馆内一角设置体育活动设备，供顾客活动，如飞镖、健身器、落袋等。

第 26 项：为电影或电视节目举办的主题餐会。

餐馆与电影或电视发行公司、电视台等机构合作为某电影的首映或电视剧的首映，或为正在上映的电影、电视剧召开的研讨会等活动而举办聚餐会。

第 27 项：文化俱乐部/教堂。

餐馆和文化俱乐部或教堂合作在餐馆开展活动，争取在餐馆举行各种文化俱乐部的活动。西方人结婚要在教堂举行仪式，大型酒店就在内部设一个举行结婚仪式的地方，请教堂主婚人到酒店来主持婚礼仪式。

第 28 项：世界邮票之夜。

这是餐馆为集邮爱好者举办的活动，可以进行邮品展览，集邮爱好者交流经验，专家讲评，甚至进行邮票拍卖活动。这项活动可与集邮公司合办。

第 29 项：睡衣聚会之夜。

餐馆为适应消费者追求新奇的要求，举办睡衣聚会之夜活动，参加的顾客自带睡衣来餐馆用餐，上台展示，顾客评选，优胜者获得奖励。中国有不少大型浴场、休闲中心，可以举行这类活动。

第 30 项：拳击短裤（男式平脚泳裤）之夜。

餐馆举行年轻人参加的拳击短裤之夜活动，要求顾客都要穿着拳击短裤来参加。

第 31 项：喜剧之声。

餐馆举办喜剧小品的主题活动，为在餐馆用餐的顾客助兴。

第 32 项：博彩之夜。

餐馆为引起顾客的兴趣，特设立幸运之星等抽奖活动，使顾客获得博彩的乐趣。我国餐馆举办的春节、圣诞节活动，都设有抽奖项目，奖品也很有分量，对顾客的吸引力很强。

第 33 项：戏剧之夜。

以戏剧为主题，举行晚餐会，欢迎戏迷与演员见面。

第 34 项：铜锣表演之夜。

餐馆组织一种艺术表演来为顾客的晚餐助兴，如铜锣乐队表演等。

第 35 项：中世纪之夜。

与举办其他文化之夜相类似，餐馆举行中世纪之夜活动。用展示图片、播放录音及录像、介绍书籍，以及服务员身着中世纪服装等方式，制造中世纪环境和气氛。这项活动可以与某些相关的文化团体共同策划。

第 36 项：拉丁之夜。

餐馆与拉丁文化的组织合作，在餐馆举办拉丁文化之夜的用餐活动。内容包括展示拉丁艺术画作品、播放拉丁音乐、表演拉丁舞蹈、品尝拉丁民族菜肴等。这类活动也可请拉丁国家的使馆予以支持。

第 37 项：葡萄酒研讨会。

餐馆与葡萄酒销售代理公司合作，在餐馆举行葡萄酒品尝研讨会，由专家介绍葡萄酒的知识，回答顾客的提问。

第 38 项：活动链接（戏剧、文艺、音乐演出等）。

在剧场内或附近的餐馆可以将用餐和观看演出连接起来。如凭观看演出的门票来餐馆用餐可获得优惠等。

第 39 项：与时装表演连接（巴黎时装、意大利时装等）。

大型餐馆可以与品牌时装公司合作，在餐馆举办时装表演，吸引顾客来餐馆用餐，并观看时装表演。

第 40 项：国标舞蹈课程。

餐馆请专业的国标舞蹈教师来餐馆教授舞蹈课程，顾客可以报名学习，除付餐费外（规定一定标准）不付学费，对学习成绩优秀者给予一定的奖励。

第 41 项：与当地的慈善团体、教堂和俱乐部合作。

餐馆与慈善团体合作，可争取将慈善活动定于餐馆举行，扩大影响，费用由赞助商支持，餐馆也可以做些贡献；可争取教堂与餐馆合作办婚礼仪式；可争取各种俱乐部来餐馆举办活动。

第 42 项：____式打扮（例如欧式打扮）。

餐馆让服务人员作欧式打扮（服饰、鞋、装饰物）或其他风格的打扮，以形成某种风格的就餐氛围。

第 43 项：时事通信。

餐馆与新闻界合作，为顾客举办时事通信讲座，回答顾客的提问，或利用餐厅的闭路电视播放顾客感兴趣的时事通信。

第 44 项：与特殊团体合作举办教育性展示活动。

餐馆与特殊团体合作举办教育性展示活动。例如，上海肯德基公司就曾经与环保协会合作在一家天山路分店举办面向青少年的环保教育宣传活动。

第 45 项：雨夜之歌。

餐馆在雨天的夜晚营业时，专门选择以雨天为题材的歌曲让歌手演唱，也可以由顾客点有关雨天的歌曲来演唱。

（三）折扣优惠办法（第46~64项）

第46项：抽签。

当你将账单交给客人的时候，你可以递上放满小纸条的帽子说："请抽一张，看看抽到什么。"也许顾客抽到的一张上面写着"今天的饮料免费"，那他今天所点的饮料全免。其他纸条可能是"下次带一个客人来只收一份钱"、"您今天的甜点免费"等优惠。

第47项：两个人用餐，只付一份的钱（生日、结婚周年纪念日等）。

如果有人要和亲人过结婚纪念日或生日，餐馆可以请他们来，两人用餐，只付一人的钱。对于曾在这家餐馆举办过结婚庆典的夫妇来说，如果在结婚纪念日前接到餐馆的邀请和获得优惠，会很高兴，并成为这家餐馆的老顾客。

第48项：针对投诉的食品优惠券。

餐馆对向餐馆投诉的顾客发给食品优惠券。可以将顾客的投诉内容和姓名、联络方法记录下来，然后根据投诉内容进行调查和整改，有了改进之后回信给投诉的顾客，感谢他帮助餐馆发现问题，随信送上优惠券，欢迎该顾客再来餐馆用餐，检查是否已经改进。

第49项：反市场折扣。

这是与餐饮市场上通常采用的折扣方法不同的特别的折扣方法。例如，一家新开业的餐馆，不打折扣，但老板会随意地选择一个日子，这个日子里前若干位的顾客在享受了美食及优良服务之后结账时，突然受到了全免费的待遇，获得惊奇的体验。吸引更多顾客来碰碰运气。结果第一个月免掉的金额只占总营业收入的3.38%，比九五折还少。

第50项：折扣卡。

这是拉住回头客的一种方法。顾客持有餐馆发给的折扣卡，等到下一次来餐馆就餐，可以获得九折，第二次可以获得八折，然后依次获得七、六折，一直下去，这位顾客可以获得一次全免费的就餐待遇。当然这是西餐方式，一人一份，如果是多人用餐的中餐，如何累计打折，就要另外考虑了。

第51项：特别给予（例如，带满4位顾客，第5位顾客餐饮免费）。

这是美国餐馆对带新顾客来用餐的老顾客所采用的一种最常用的优惠办法之一。

第52项：六顿午餐免一顿。

这都是餐馆给老顾客的累计消费奖励。这当然要有优惠卡能记录累计消费的情况，否则无法确定。

第53项：老顾客俱乐部。

这也是餐馆培养老顾客的一种方法，把经常来餐馆的顾客组织成为俱乐部的会员，便于经常组织有关活动。

第54项：经常性宴会折扣。

商务宴请客人层次高，消费标准高，是餐馆要争取的主要顾客。餐馆对经常来餐馆主办宴请的客户给予特别折扣。类似于累积消费奖励的办法，而且是以奖励经办人为主。

第55项：早餐二免一。

这也是餐馆对老顾客（持优惠卡）的优惠措施之一。

第 56 项：两人份免费生日周年纪念餐。

餐馆为了培养老顾客，欢迎老顾客来店享用生日、周年纪念餐，给两人份免费。

第 57 项：给某些食物以特别折扣。

餐馆为了推广新品种，可以给某些新品种以特别的折扣。

第 58 项：给挑选出来的项目打九折。

餐馆每天挑选出一些菜肴向顾客展示，并告之顾客这些菜肴当天给予九折优惠。当然挑选出的菜肴是优质的、受顾客喜爱的，这样给九折才有意义。

第 59 项：折扣俱乐部。

餐馆设立会员制度，顾客支付年度会费就能成为会员，餐馆还可以邀请的知名人士成为会员等。会员一律可以享受九折优惠（特殊消费例外，如高档洋酒等）。

第 60 项：周末夜晚包间用餐优惠券。

这是专门派发给周末在餐馆包间用晚餐的顾客的优惠券，不适用于其他情况。这是因为在美国，顾客一般不愿意进包间，喜爱在大厅里，尤其喜欢在室外用餐。周末客人多，大厅满而包间空，因此为鼓励顾客进包间而设立特别优惠。

第 61 项：优惠券/月度优惠券/买二送一优惠券。

餐馆发给顾客的优惠券可以分为不同类型。例如，一次性普通优惠券、全国可以通用的优惠券、买二送一优惠券，以及其他特殊的优惠券等。

第 62 项：餐馆最常用的方式——25 美元礼品券。

餐馆发放礼品餐券，由客户（多数是团体客户）购买后送给相关人员或由餐馆赠送给达到一定消费额的顾客。为什么美国餐馆面额常选用 25 美元？因为美国的西餐正餐消费水平一般在 25 美元以下。

第 63 项：付三份的钱给四份。

这也是鼓励顾客多带客人到餐馆来用餐的一种办法。

第 64 项：第五俱乐部（第五餐优惠）。

与六顿午餐免一顿的优惠办法类似，但必须要以有消费记录的优惠卡为依据。

（四）趣味活动奖励（第 65~87 项）

第 65 项：令人吃惊的信封。

当顾客在你的餐馆就餐完毕正准备结账离去的时候，餐馆会拿出一个封好的信封给顾客。信封内的内容可以不一样，也许是"今天的某份菜品免费"，也许是"下次再来光顾，凭此信可享受优惠"，例如饮料免费、甜点免费等。这主要是给顾客一个好的感觉。

第 66 项：先抵者优惠。

顾客来餐馆用餐，晚餐从 18：00 开始。但客人预订后提前到达，在 16：00~18：00，餐馆会安排先抵达者休息，并提供免费饮料等优惠。

第 67 项：顾客演讲之夜（竞赛理念）。

在顾客就餐时，餐馆可以告诉客人："谁愿意上台来，用 30 秒或 40 秒作一个短暂演讲。获得大家最热烈鼓掌的人，今天的餐费免单。"

第68项：猜重量免单或其他奖励。

属于游戏类活动，让顾客猜服务员的体重，服务员身上都有一块小牌子，上面有这个服务员的体重。如果某个顾客猜对了，那么他（她）可以享受免单或得到给予特别折扣的优惠，也可以几桌顾客一起猜，谁猜得最接近正确体重谁就享有优惠。其目的是增加气氛。

第69项：比赛。

餐馆可以针对自己的不同顾客群，选择他们有兴趣的小型比赛项目，吸引顾客。例如抓糖果（一次抓到接近规定标准重量的糖果的人有奖）、估重量（给几根黄瓜，估计其重量，答案最接近者有奖），用筷子夹黄豆（固定时间内看谁夹得多）等。

第70项：宾果（一种赌博）游戏吧。

餐馆设置西方人喜欢的宾果赌博游戏吧。上海一些酒吧里还进行飞镖游戏或其他幸运奖游戏，目的都是为了制造活跃愉快的气氛。

第71项：专题演讲之夜。

餐馆就某一专题，邀请主讲人上台演讲，顾客也可自由上台就这一专题发表演讲。其实质上就是在餐馆里举办论坛活动。

第72项：食谱俱乐部。

请顾客把其认为最好的食谱带到餐馆来，并让餐馆的厨师来做那道菜。厨师把客人带来的食谱集中起来，选了一种最好的。15天以后通知入选的顾客，告知其可以邀请多少人来餐馆免费品尝这道菜。

第73项：食谱（供给他们一份礼物/优惠）。

餐馆欢迎老顾客给餐馆推荐新的食谱或新的菜式，选用后给推荐者礼物或优惠。

第74项：丑陋领带及围巾评选。

让顾客评选，哪位男士的领带最丑、最糟糕，哪位女士的围巾最丑、最糟糕。被评选出来的顾客，可以得到一份免费的餐券。客人觉得很好玩，也很喜欢。

第75项：厨师月。

餐馆为了吸引顾客，由餐馆的或餐馆以外（外地的）的著名厨师挂牌推出系列特色菜单，进行相关的宣传活动，包括厨师与顾客见面，在餐桌边表演某些技艺，与顾客共同照相，向顾客介绍某个菜的烹饪方法等。

第76项：年轻人俱乐部。

年轻人是有特色的、价位较低的餐厅的主要消费群体。餐馆适应年轻人的消费需求至关重要。餐馆可以与年轻人活动的俱乐部合作，提供送餐服务，或者吸引年轻人来餐馆用餐，使自己的餐馆成为年轻人俱乐部。

第77项：感谢顾客日。

餐馆为了感谢老顾客，特在某一日推出新研发的菜肴，邀请老客户来店用餐，以示感谢。邀请函中可写明"免费品尝新菜"。

第78项：兑奖销售午餐。

餐馆选择一天的午餐，向顾客发放兑奖券，午餐结束后开奖。开奖前离开的顾客要留下通信联络方式，以便中奖后与顾客联络。实际上这种联系的建立就是拉住老顾客的方法之一。

第79项：中国式宾果（一种赌博游戏）午餐。

宾果游戏是西方人喜爱的幸运游戏。在中国可以采取中国人喜爱的方式，包括转盘、抛球入洞、猜灯谜等。顾客就餐时得到一张游戏赠券，游戏的胜者可获优惠用餐奖励或小礼品。

第80项：完全假日美食或特色菜肴。

餐馆在假日推出假日美食菜单，或者推出特色菜肴，如"烹制火鸡"等。

第81项：计算机咖啡馆。

这有些像中国目前的网吧，顾客一面品尝咖啡，一面利用咖啡馆的计算机上网。

第82项：品味欧洲大陆或世界之周/之夜。

餐馆推出新菜周或新菜夜，让顾客品味欧洲大陆或世界各地风味菜肴。

第83项：评价食物包装。

餐馆为外卖菜、点心设计了不少新包装，让顾客评价，给予评价者奖励。

第84项：礼物券。

餐馆根据顾客的消费金额大小赠送相应的礼物券，凭券可以到餐馆的礼物柜台选用自己喜爱的与礼物券金额相符的礼物。

第85项：邀请卡。

可以采用邀请卡的形式，由餐馆中很漂亮、很吸引人的服务员将请帖送到那些重要人物的办公室去，免费请他们吃一顿饭。请帖上一定要有餐馆总经理的亲笔签名。在美国，人们非常看重签名，图章几乎看不见，只有政府才用图章。

第86项：重要人物用餐之桌。

请重要人物来餐馆用餐，然后发布消息，如果想在重要人物用过餐的餐桌上就餐，可以提前预订。上海绿波廊酒楼利用美国前总统克林顿及其家人用过餐的桌子接受预订，桌子旁的墙上挂有克林顿夫妇就餐时的照片，客人纷纷拍照留念。

第87项：评论家/作家之桌。

与VIP TABLE（重要顾客之桌）起到一样的作用。请评论家或作家来餐馆用餐，然后宣传他们用过的餐桌，接受顾客预订。

（五）宣传推广（88~134项）

第88项：顾客之桌（诗人、艺术家、厨师等）。

这项方法与VIP TABLE促销是同一类的方法。

第89项：与作家用餐。

餐馆请受到读者喜爱的书籍的作者来餐馆用餐，并欢迎读者来餐馆与作家一起用餐，进行沟通。这项活动可以与书籍销售公司合作举办。

第90项：传真订餐。

餐馆设立传真机，将传真号码告之顾客，顾客可利用传真预订桌位。

第91项：邮寄菜单。

餐馆推出创新菜或时令特色菜的，将菜单邮寄给老顾客，顾客凭收到的菜单来品尝，可以获得优惠。

第92项：电视新闻报道。

餐馆在开展一系列活动时，邀请电视新闻报道记者来采访，在报道这项活动新闻的同时，也利用电视宣传了餐馆。当然活动必须是重要的、值得电视报道的社会热点新闻，例如在酒店举行慈善活动，或象棋、落袋等体育比赛。

第93项：与电台连接。

餐馆与电台合作开展促销活动。餐馆要分析本餐馆的主要顾客群是哪些人，调查这些顾客群最喜爱收听的电台专题节目是什么、最喜爱的主持人是谁。餐馆与这类节目及其主持人合作，能够取得双赢的效果。

第94项：每周新闻报道。

餐馆要多利用媒体对餐馆的餐饮及服务进行新闻报道，即使不能做到每周有报道，也要做到经常有报道。

第95项：与旅游风味餐合伙。

旅行社安排旅行团的用餐有风味餐和普通餐，餐馆可以与旅行社合伙提供风味餐。

第96项：一个完美的项目——声誉建设。

餐馆为了提高自己的品牌形象，必须重视企业声誉建设，并为这个项目制订完美的计划，努力实施。

第97项：电梯内的广告。

这是一般有电梯的宾馆餐厅和大楼餐厅常用的方法，就是在电梯内挂有餐厅的照片和有关说明。顾客在电梯内的时间一般只有一二十秒钟，因此广告内容要形象突出、一目了然。

第98项：本月顾客。

餐馆按月评选几位顾客为本餐馆本月顾客，并给予奖励。本月顾客产生的依据，可以是向餐馆投诉提出合理改进意见的顾客、社会知名人士、本月来本餐馆用餐次数最多的顾客等。

第99项：本周公司或团体（感谢活动）。

餐馆为老客户公司或团体举办感谢活动。包括优惠用餐、宣传该公司或团体（挂宣传画、放宣传品、放宣传录像、介绍该公司或团体）。

第100项：为你的生日。

餐馆为老顾客举行生日活动，并在顾客档案中记录在本餐馆举行过生日活动的顾客的姓名和生日日期。每逢顾客生日发一封祝贺信，并邀请其来餐馆举行生日庆祝，并告之餐馆将给予什么优惠。

第101项：当前邀请顾客名录（提供食品服务、宴会等）。

餐馆经营要十分重视留住老顾客，因此餐馆要列出邀请顾客名录，并且不断调整、补充名单。名单不仅是一个名单，还有助于餐馆对顾客情况（如：生日日期、爱好等）的了解，以便主动联系，提供服务。

第102项：VIP卡或号码。

餐馆给重要客人发VIP卡或者给予特别的号码。VIP卡及前100个特别号码的持有者是最重要的客人，能享受特别的服务和优惠。

第 103 项：你的卡有——好处。

餐馆给顾客的优惠卡有些什么好处，要给顾客明示。

第 104 项：建立商务卡名录。

飞机座舱分为商务舱和经济舱，硬件和服务都有区别。餐馆在自己的老顾客中选择重要客人给予其商务卡，建立商务卡名录及联系方法。凭此名录可组织很多活动。

第 105 项：护照。

餐馆为吸引顾客，给第一次来的顾客发一本"护照"，这个小本子上记下第一次来店消费的日期，请顾客日后带着"护照"来用餐，可以凭此给予优惠。上海曾经开设的热带雨林餐厅就发给顾客"护照"。

第 106 项：网上订餐。

餐馆设 E－mail 地址，接受顾客利用互联网发 E－mail 订餐。

第 107 项：驾车人外卖窗口。

有的餐馆专门设置可供驾车的顾客不下车就可以购买食品的窗口，顾客事先用电话订餐，登记购买外卖的品种、数量和取货时间，届时顾客自己驾车在外卖窗口付款取食品。

第 108 项：会议服务。

餐馆接受举办会议的单位在餐馆举行会议并用餐，大型餐馆一般都设一个多功能厅，可以举行会议。餐馆也可以为在其他地点举行的会议送餐。

第 109 项：送餐（为办公机关服务）。

这是不少餐馆常用的方法，尤其是在办公大楼附近的餐馆，将食品送到办公机关，使办公机关在自己的办公地点就可以举行酒会、招待会。

第 110 项：外卖业务。

餐馆可以对一些适合顾客外带的食品进行包装，方便顾客购买、携带。

第 111 项：早午餐。

早午餐是指晚吃的早餐。有些顾客前一晚活动太晚，第二天早餐未吃，午餐要提早，要求餐馆开设早午餐。但有些餐馆只供应午餐，不能满足顾客要求。不过中国不少餐馆从早餐到午餐连续供应，便于顾客随时用餐。

第 112 项：小型爵士乐队。

餐馆聘请小型爵士乐队来餐馆在客人用餐时演奏，营造高雅的艺术氛围，很受高层消费者的欢迎。上海和平饭店老年爵士乐队带活了整个酒店就是成功的例子。

第 113 项：卓越的顾客服务。

餐馆要为顾客提供一流的服务，特别是要为老顾客提供餐前、餐中、餐后的一条龙服务。一般餐馆只重视餐中服务，不注意餐前和餐后的服务。"相逢开口笑，过后不思量"是不对的。具体方法不在此列举。

第 114 项：与制服/服装市场商人合作。

餐馆让服务员穿上制服（例如西服）来吸引顾客。在中国春节期间餐馆让服务员穿上唐装来吸引顾客。服装款式可以与服装市场的商人合作。

第 115 项：家和花园。

餐馆如有能力，可以建造类似家庭花园的场所，使客人有在自己家的花园里招待客人的温馨感觉。

第116项：栏柱式陈列展示。

这是餐馆在装饰时常用的方式，在入口或走廊的栏柱上陈列展示品。展示品包括艺术收藏品（显示投资者的爱好和品位），以及与餐馆风味特色相适应的展示品（如泰国餐馆安放佛像等）。

第117项：与连锁商店联结。

餐馆与连锁商店联合促销。例如在餐馆就餐满一定数额，奖励某连锁商店的购物券；或在连锁商店购物满一定数额，奖励某餐馆的就餐券。

第118项：房内住宿卡。

带住宿的餐馆可以给住店顾客在客房内用餐的送餐服务优惠卡。

第119项：多功能购物卡。

餐馆发给顾客一种多功能卡，可以就餐，也可以在餐馆商场部或与餐馆合作的商店购物。这种卡需要顾客购买，内含金额，类似国内实行的公交卡和上海饮食业行业协会餐饮一卡通。

第120项：政府机关宴会。

有条件的餐馆争取举办政府机关宴会，虽然食品和服务要求高，政府给的费用也不高，但参加宴会的大多是重要人士，服务好了，他们就是一大批潜在的大客户。

第121项：欢迎就餐和宴会。

餐馆经理为来餐馆举办宴会的企业和团体，或者来餐馆就餐的重要客人举行欢迎的仪式，方式可以多种多样。例如中国餐馆常用的有挂欢迎横幅或立牌，经理人员在餐馆门口迎接，请小型乐队或歌咏队演出等。

第122项：从埃文（英国河流名）条花布到零售商晚会。

这是一个例子，就是产品生产商与零售商共同聚会商议市场拓展措施。餐馆要设法将这样的活动安排在本餐馆举行。

第123项：交叉销售（相互促进）。

餐馆常常采取与邻近的商场、娱乐设施交叉销售的方法，达到相互促进的目的。具体做法可以是在商店消费满一定数额，就赠送餐馆的折价券，餐馆也同样如此。

第124项：一元俱乐部。

餐馆设计一些菜肴、点心，每份一美元，方便顾客按需挑选，做到选多少付多少，心中有数。

第125项：推广增加收入的项目。

餐馆为了提高经济效益要十分重视能增加收入的项目，并采取措施推广这些项目。

第126项：定位高利润项目。

餐馆要将价位不高但盈利高的菜肴作为推销的重点。因此餐馆要定位高利润项目，让全体员工都积极有效地开展目标推销活动。

第127项：混合菜单。

菜单设计要符合顾客点菜时的心理。顾客一般会在菜单上的招牌菜中选一至两道菜，然后会选菜单上较便宜的菜。在选第三、四道菜时，服务员应推荐价格不高但盈利较多的菜。

第 128 项：住宿卡。

带有客房的餐馆可以给有住宿卡的顾客就餐优惠。

第 129 项：高利润特别项目。

有些项目（菜肴或者服务项目）销售单价不高，但利润率较高。这应该是餐馆重点推销的特别项目。利润高的菜肴不一定是价格高的菜肴，因而也是顾客容易接受的项目。

第 130 项：高利润推荐项目。

与高利润特别项目的道理一样，这里列举的项目是重点推荐的，顾客满意，餐馆受益，皆大欢喜。

第 131 项：19.98 元或者以往的价格数据。

这是餐馆对菜肴标价的方法，宁用 19.98 元也不用 20 元，使顾客心理感觉好一点。也有的标明去年的价格，表示现在的价格已经下降了。

（六）赠送礼品（第 132 ～ 147 项）

第 132 项：带回家的甜点。

顾客用餐后，餐馆送给顾客可带回家的甜点，包装很精美、漂亮。对餐馆也是很好的宣传。对于经常参与公务宴会而顾不了家庭、孩子的男士来说，带回家的漂亮甜点还有特殊的作用。

第 133 项：给小孩的玩具。

餐馆为带小孩子来就餐的顾客准备好给小孩子的小玩具。肯德基餐厅吸引小孩的常用方法就是不断推出有 KFC 标记的小玩具，孩子们为了获得小玩具就会请求大人带他们到 KFC 餐厅。

第 134 项：免费的甜品吧。

餐馆为吸引顾客，特设一个免费的甜品吧，陈列一些精致的小甜品，供顾客免费选用。

第 135 项：周五免费的手指状食物。

餐馆在周五为顾客提供一些免费的小食品，让顾客选用或带回家赠送给家人。小食品的形状要特别些，比如手指形状的小食品等。

第 136 项：在自助午餐中提供免费软性冰淇淋。

这里说的自助午餐是指顾客自选食品后按所选食品逐项计价结账付费的形式。其中一道软性冰淇淋是赠送的，结账时不计价。如果餐馆的自助餐是每人固定标准收费，不管食品的数量，那这种免费就没有意义了。

第 137 项：为庆祝生日或其他纪念日的客人提供免费香槟与蛋糕。

这是餐馆常用的优惠办法。

第 138 项：减价烤肉之夜，永远不知道是哪种烤肉。

这也是一种活动，那天的晚餐上供应减价的烤肉，使顾客得到实惠，但不告诉顾客是哪种烤肉减价。

第 139 项：婚礼接待中提供免费的冰雕。

餐馆在举办婚礼宴会时，根据婚宴的规格、规模赠送冰雕，以提高婚宴的档次。

第 140 项：假日礼品券。

餐馆为鼓励顾客在休假日来餐馆用餐，设计了一种假日礼品券，赠送给顾客，内容一般是再次来餐馆消费时的优惠券，或是小纪念品。

第 141 项：带来新顾客——得到免费礼品。

这是餐馆鼓励老顾客带新顾客来的促销方法。当然餐馆对谁是老顾客要有依据，常用的方法是给顾客发优惠卡或会员卡，结账时将卡号输入电脑中的顾客资料栏目，一查就知道老顾客来消费的次数和金额。

第 142 项：送一种特殊甜点。

这也是餐馆常用的促销方法，送一种特殊的甜点。中国餐馆常常是送一盘水果，效果是一样的。

第 143 项：为销售瓶装葡萄酒配开胃菜。

这是餐馆为了推销瓶装葡萄酒采取的一种方法。

第 144 项：礼品/纪念品。

这也是常用的促销方法，向顾客送小礼品或小纪念品，但小礼品必须既得到顾客的喜爱，又可以宣传自己的餐馆。

第 145 项：随意选择自助甜点。

餐馆在一角布置一个小型自助甜点台，顾客来餐馆用餐可以免费或付一定费用后自由选择甜点。中国有些餐馆在一角放些水果（例如小番茄等）让顾客自由选用，效果不错。

第 146 项：部分食品改进（咖啡、葡萄酒、甜点）。

餐馆促销重要内容之一是不断增加食物的品种、提高质量，首先可以在咖啡、葡萄酒、甜点等方面动脑筋。

第 147 项：通宵客人享受免费早餐。

在通宵经营的酒吧通宵消费的客人可享受早餐免费的优惠。

三、春节餐饮促销策划和案例

（一）春节餐饮促销策划

记得 2013 年春节时，一位朋友感叹说，眼下过年越来越没有气氛，本想按习惯在年前采购点什么，可一进商场，觉得又没有什么急需的，该有的几乎都有了。朋友的这番话很有代表性，想必很多人在春节购物时都有这样的感受。这就给商家提出了一个问题，即如何下工夫搞好"年货"开发，让消费者在春节期间走进"年味"十足的商城店铺。

春节，是中国百姓最舍得花钱的日子，如何开发春节市场显然大有文章可做。近几年，在这方面动了脑筋并获成功的事例屡见不鲜。如，年夜饭由家庭向饭店的转移已成各大城市一道独特的年关风景；各旅行社春节期间生意的火爆也勾勒出一幅全新的年节风俗画。然而说到真正意义上的"年货"（专为春节设计、集中在春节期间销售的商品）却还不多见，真能成气候且持续不衰的产品，更是凤毛麟角。

市场营销贵在造势。春节的"势",是一大势,值得商家精心安排、周密部署。要是商家面对火爆的节日消费场面,仍然与平日销售策略一个样,导致货源不足,或因设施保养不当等原因,而使顾客持币而归,那只能是后悔莫及。

那么商家又该如何抓住春节消费所蕴含的商机呢?首先要做好市场调研,准确把握春节期间人们的消费变化趋势,进而制定出针对性较强的促销策略。从最近两年春节期间居民的消费新变化可以看出,春节消费有三大明显特征。

其一,以"吃"为主要内容的春节正向以"玩"为主旋律的方向发展。

春节作为传统节日"之最",如将其含义加以浓缩,除一岁之始外,还有亲情大展现(包括团聚、贺年、拜年等)、生活大改善(添新衣、大吃大喝等)和全民大休闲(看晚会、逛庙会、搓麻将等)。然而,生活水平的提高,使得"改善"已不只集中在过年时进行,年假的变长,则使单调的休闲内容越来越不能满足人们的需求。有经济实力的可以远赴新加坡、马来西亚、泰国,近走海南岛,更多的人还只能在家门口想法子打发团聚、吃喝以外的时光。既无碍于身心健康、又新鲜刺激"玩一把",成了许多人的期盼。以郑州市为例,2013年春节初一至初三三天时间,市内游园者达到了好几万人。上万家庭的举家出游,更是证明了春节中"玩"已超过"吃"成为主旋律。在这主旋律的变奏中,我们发现,可以玩的地方和节目,似乎还是太少、太单调了。其中潜伏的商机,商家企业该好好琢磨一下,谁能率先开发出引起大众兴趣的"贺岁娱乐"呢?

其二,"吃"的变化最显著。

亲情味浓厚的饭店年夜饭已逐渐成春节消费的新热点。传统春节以"吃"为上,并不仅仅反映在吃的时候,还表现在准备吃的过程中,比如包饺子、做圆子、炒瓜子时所烘托的过年气氛。如今"吃"已难成主旋律,并非指人们不讲究"吃"了,而是人们已放弃了做"吃"的过程中的热闹。道理很简单,毕竟做"吃"的太累了。这就是半成品菜肴、冷盘大受欢迎,上饭店吃年夜饭盛行的原因。以上海市为例,2013年春节期间,仅杏花楼(集团)公司、小绍兴饮食公司、大都市总公司三家公司,除夕供应的年夜饭就达几百桌。新世界美食城除夕夜举办的几百户家庭大团圆活动,由几千名就餐者组成的特大型家庭式年宴,成了2010年贺岁的大手笔。简化家务劳动已成时尚,过年也同样如此。

其三,送礼讲品位,新花样层出不穷。

哪些东西可以做礼品?说起来,其范围相当大,各种商品几乎无所不包。但细看起来,社会上正在流行什么,那种东西就最容易被拿来做礼品。礼品是一种象征物,它至少代表着送礼者的交际水平,送礼者总希望对方在接受礼品的同时,对自己给予恰如其分的肯定,那么,再也没有比"懂潮流"更能体现水平的了。所以,流行的东西总是最好的礼品。于是,鲜花、水果礼篮、健身器、光盘影碟、芭蕾舞演出票等都成了近两年春节期间销量较大的礼品。礼品市场的新变化,说明送礼也在逐步向情趣化转移。在这种变化面前,商家如果找准了方向,无限商机也就尽握手中了。

摸准了春节市场的大致行情,商家就应从年货开发和促销活动两个方面着手,制定具体的营销方案。

其一,年货开发主要是围绕礼品做文章。

春节期间推出的礼品要围绕"爱心、组合、个性"做文章。"爱心"就是商家在策划促销活动时，以"真心"、"真情"为结合点，将礼品的包装盒设计成"心形"，推出"爱心礼品献亲人"系列促销活动。"组合"就是根据春节探亲和走访亲友的特点和需要，配组各种营养品、工艺品、装饰品、纪念品等节庆礼品系列。"个性"就是销售商必须及时摸清"上帝"们的口味，抢先一步推出迎合消费者的新型礼品，比如可以将内容、风格比较新颖的 VCD 碟片进行组合包装摆在礼品柜台出售。鲜花是春节期间销量比较大的礼品，鲜花店的老板可以搞买花送花篮活动，开展电话预约购花服务，印发传单向消费者宣传鲜花知识和"花语"，以吸引顾客购买，还可以"土"、"洋"结合，引进洋花，增加鲜花品种和数量，扩大消费者的选择范围。

另外，礼品的经销方式也可以改变一下，比如在节前推出一种赠礼直送销售服务。服务的特点是，顾客在商店挑选好作为新年赠礼的商品并付款后，只要将亲朋好友的姓名、地址留给店家，就可以由店家或生产厂家将礼品送到顾客指定的地方。

其二，餐饮业要把握好以下三种节日服务型经营方式。

（1）主妇型。即饭店为市民家庭配送成套的年夜饭半成品或净菜，代替家庭主妇以往蒸包子、做肉丸、炒花生的"忙年"活动，饭店只收取少量的加工费。

（2）包办型。即饭店为市民预订年夜饭或节日家宴。餐馆酒店要本着"勤俭节约、物美价廉、面向市民、为大众服务"的原则，推出"敬老宴"、"爱心宴"、"关心宴"、"合家团圆"等众多菜谱，意在把工薪阶层拉向自己，以扩大目标市场。

（3）系列型。为适应现代人的消费需求，餐馆酒店应推出面向家庭的除夕宴席快送、"出租厨帅"，向居民开放客房、卡拉 OK 厅等休闲娱乐设施和场所，以吸引居民到酒店里快快乐乐过春节。

同时，餐饮业的经营者，还应在文化品位上做文章。要以饮食文化搭台，让劳碌了一年的人们吃得轻松，吃得愉快，吃出情趣。餐馆、饭店、茶馆可以在店内推出书画摄影展览、读书弹唱、名曲欣赏，民俗、杂技、魔术表演，名厨教授顾客"绝活菜"等活动，让顾客享受集食、饮、赏、览、听于一体的服务，使其吃得潇洒，玩得开心，同时又得到精神享受。

其三，营销活动应在以下五个方面下工夫。

（1）要搞好"降价促销"。

"一个便宜十个爱。"年终岁末，商家应以真诚回报消费者为宗旨，开展打折销售、买大件赠小件、"天天让利、日日优惠"、以旧换新等促销活动。这里笔者为商家让利促销谋划几项主题活动，仅供参考。

①商场可推出有特色的"积分卡"，春节前后按照顾客消费多少进行积累式的积分，当积分达到一定程度后，顾客可以根据积分和自己的喜好，从商场换取自己所需的商品。

②半价特卖，商场每天都推出几种到几十种正常商品半价特卖，共搞好几天。

③"新年好彩头"，消费满 999 元参加摸彩。

④收银条号码每小时开奖一次，得奖者可返回 10% 的货款。

⑤"禧春纳福礼，购物满即送"，购物满 888 元送"大礼包"一个。

（2）以"情"字当先，搞好"温情促销"。

可以开展"冬天里的童话"等主题促销活动，为小朋友送上一份爱心和节日祝福；可以采取出摊车、设大棚、送货上门、服务到家、开办专场购物等方式，主动为英雄模范人物、军烈属、离退休老干部、孤寡老人、残疾人和生活困难的职工等提供服务；大商场还可以向所在街道和居委会所属的居民赠春联、贴"福"字；有实力的大商场还可以在正月初一向前几百名（商场自定数目）来购物的顾客免费送蛋糕等。总之，节日期间的促销活动要充满浓郁的温情，才能打动消费者的心。

（3）要以文兴商，搞好"文化促销"。

各商家要结合自身特点推出具有节日民俗特点的文化活动。如通过贴春联、挂年画、办书画作品展览，搞时装表演、文艺演出、民族音乐现场演奏、民间工艺品现场制作，在商场外举行舞狮耍龙、旱船表演，请顾客参与有奖猜谜、有奖征集春联等多种方式，来弘扬传统文化，把节日期间的购物与娱乐、消闲等文化生活有机地结合起来。

（4）要在店内外营造浓厚的节日气氛，并充分发挥现代化大商厦的多功能性。

心理学研究证实，节日购物，顾客最讲究商场的氛围和情调。商场在布置店内外购物环境时，除了采用张灯结彩、披红挂绿等一般方法外，还要注意布置出自家的特色，如郑州亚细亚商场的"空中花园，琴台流水，茶座小吃"装饰就别具一格。另外，商家还可以在春节期间设置民俗商品专柜，柜内可专售人们在新春佳节使用的各种窗花、吊钱、福字、春联等民俗商品，为整个商场增添年味。春节期间，大商场还应全天开放歌舞厅、溜冰场、保龄球馆等娱乐场所，使人们享受集购物、休闲、娱乐为一体的节日活动，增加商场的吸引力。

（5）有实力的大商场应在春节期间为顾客提供"消费设计"的服务。

通过消费设计、商品导购、教吃教做、美容美发、保健健身、居室布置、介绍科技新产品等各种活动，引导消费者过一个健康、文明的节日。大商场要组织一定的人力、物力、财力向顾客推出一系列既有节庆气氛又有个性化的度假、过年方式以及不同模式的专题设计服务。如家庭居室时空组合、装修组合、陈设组合等配套更新设计；服饰、鞋帽、化妆品、包装配套更新设计等。还不妨邀请一些专家、行家"坐堂"咨询，让顾客买得放心、称心、开心、省心。

春节是商业销售的黄金季节，商家都明白这个道理。然而春节消费的特点，却年年有变化，谁能洞察先机，抓住热点，谁就是赢家。从微观角度看是如此，而从宏观角度看，如何统筹策划，引导消费，形成热点，搞好"贺岁工程"，就更是一篇大文章了。

（二）春节餐馆促销活动案例

在市场经济竞争激烈的今天，要想出名，就得与众不同，才能抓住消费者的眼球。饭店春节的促销活动，是一个关键，因此，如何进行饭店的春节促销活动，成了营业者们冥思苦想的问题。

春节餐饮的促销活动一：

凡在宾馆消费年夜饭的，送合家欢照一张，赠中餐厅消费券一张，同时进餐小朋友可获得吉庆小礼包一份。消费顶级年夜饭（1 588 元/席、1 888 元/席）的，可分别获赠"威龙干红"红酒一瓶和威龙橡木桶一个。

春节餐饮的促销活动二：

"国大"为了烘托新年气氛，营造浓浓的年味，除夕夜将给顾客送上一份吉祥物，并给入驻"国大"的顾客赠送水果、新年礼物等。同时，"国大"推出了"川蒙新概念，美食新体验"活动，引进四川、内蒙古饮食文化的全新理念，二三十道川、蒙新菜勾起顾客的食欲。这一美食节活动将持续到 2 月底。

春节餐饮的促销活动三：

雨林咖啡餐馆的自助晚餐 118 元/位（三免一），并特别推出零点套餐。在春节期间赴约"雨林"的情人，除得到巧克力和玫瑰外，还可参加特别抽奖。

春节餐饮的促销活动四：

某五星级饭店即日起开展中餐 8.8 折酬宾活动，同时邀请了粤菜帮厨师推出美味名档菜肴，并推出年夜饭可自带酒水活动。

四、中秋节餐饮促销案例

案例一 中秋节餐饮促销方案

酒店开展此次中秋节促销活动，旨在通过中秋节的节日氛围推销自己，提高酒店的知名度，为节日后的人气奠定基础。

（一）现场布置

中秋节是中国人民的传统节日，在布置方面不能另类，要大众化，以喜庆方式为主，即以红为主，为了减少布置成本，可能用一些中秋节、国庆节都需要的布景。

（1）周边以弹力布为主，主要是补一些空荡之处，使整个场地变得比较丰满，不会显得单调。

（2）舞台周边、顶部，可用一些镀金球、VCD 碟片悬挂，以补助灯光的折射，增加现场灯光的效果。

（3）周边的天花板上可以悬挂一些灯笼，渲染中秋节的氛围，到国庆节时可以取下，等到春节时可再利用。

（4）在进门口右侧玻璃和流水玻璃可以贴大型宣传画，注明节日的活动内容。

（5）在 DJ 台边的显眼处，悬挂"中秋快乐"的字样。

（6）大门口摆放陈列节日奖品。

（7）楼梯口及显眼处张贴广告。

（二）活动优惠

（1）所有消费者在节日当天之前预订，即可得餐厅赠送的特色小吃一份。

（2）安排厨师每人各推出两道"中秋——国庆"特色菜肴或点心。

（3）中秋节当晚每台位、包厢送月饼一份。

（4）消费满 200 元送面额 50 元的等值消费券一张。

（5）凡消费茅台酒、啤酒一瓶送当晚兑奖券一张。

（6）对有消费能力和潜力的客人赠送咖啡券。

（7）要求茅台酒、啤酒赞助商对当晚消费茅台酒、啤酒的消费者赠送小礼品。

（8）活动期间的消费者，可得中秋月饼一份和特色小吃一份。

（三）活动当天时间安排

09：00—17：00　白天营业时间

18：30—21：00　流行音乐，慢摇音乐

21：00—24：00　歌手，铜管舞秀，慢摇

00：00—00：20　活动抽奖

00：20—结束　　慢摇

（四）广告宣传

1. 外围

（1）条幅40条。

（2）宣传单13 000份（都市报3 000份、沿街发放及张贴10 000份）。

2. 内围

（1）DJ台，服务员宣传。

（2）海报。

（五）活动需要购买和定做的物品

月饼400个/VCD碟50张/弹力布10公斤/铁丝2斤/美工刀3把/剪刀3把/2寸铁钉2斤/小铁锤2把/水泥钉1盒/灯笼20个/国旗30面/小国旗300面/镀金球100个/广告用品若干/条幅40条/宣传单13 000份/内围宣传广告若干/消费券/咖啡券。

案例二 餐饮酒店中秋节、国庆节促销活动策划方案参考范例

每年的中秋节、国庆节，出行的人流变得庞大起来，这对于酒店来说，是促销的绝佳时机。同时，十月份又是婚庆高潮，找准自己的位置，就可以在这场促销盛宴中旺中取利，准备一份酒店中秋节、国庆节促销方案则是活动举行的前提，那么酒店中秋节、国庆节促销方案该如何去写呢？这里准备了一份酒店中秋节、国庆节促销方案，以供参考。

（1）活动背景。

2013年的九月下旬到十月上旬，赶上中秋节、国庆节两个佳节，回家团聚、走亲访友是中国人过节的传统习俗，同时，十月又是婚庆的高潮，酒店可以利用这样的环境来做促销。

（2）活动时间。

9月20日—10月10日。

（3）活动主题。

与国同庆，共谱天伦。

（4）活动内容。

①活动期间：推出黄金套餐良朋相聚宴，699元/桌；金玉满堂宴，799元/桌；富贵吉祥宴，899元/桌。

②中秋之夜推出团圆宴（588元/桌、688元/桌、888元/桌），提前预订，赠送礼品一份。

③活动期间，婚庆宴消费达万元以上，赠送价值达千元的蜜月礼物。

④活动期间，凡是外地到本店就餐者，凭身份证就可获得中秋小点心一份。

⑤与旅游团联合促销，指定旅游点，赠就餐券。同时，到本店消费的客人可以获得旅游景区门票一张。

（5）促销宣传。

①背景音乐：以中秋、国庆为主要音乐风格。

②门厅装饰：酒店用气球做彩门装饰，营造热闹氛围。

③媒体宣传：电视台、电台、网站、报纸。

④视觉宣传：提前三天开始宣传，主要以条幅、易拉宝、彩页菜单、口碑传播、向新老客户介绍等多种形式推广，以达到最佳的效果。

（6）人员培训。

①促销内容及目的要向工作人员介绍清楚，以达到促销的目的。

②加强工作人员的服务意识及操作规则培训。

（7）预算。

五、七夕节餐饮促销和案例

（一）七夕节餐饮促销

七夕，人们除了希望能买到价廉物美的产品和服务外，往往还希望能体验到更多的乐趣，如享受便捷的服务、欣赏优雅的环境、参加有趣的活动等，都已经成为许多顾客日常购物活动中所向往的事情。为适应这种形势的发展，各式各样的趣味促销活动也就应运而生了。这些趣味促销活动一方面为单调的消费活动注入了生机，另一方面也为公司和餐厅（酒店）提供了新的促销手段。

1. 餐饮促销手段一：环境气氛促销

服务的一大特性是无形性。餐厅给顾客提供的全部消费利益中有很大一部分是无形的服务，顾客无法直接看到，只有通过对餐厅环境气氛的观察、体会，才能形成对餐厅服务的初步了解。因此，环境气氛成了餐厅里无声的"销售员"。那么，该如何发挥它的作用呢？

（1）餐台。在餐桌上摆一瓶色泽鲜艳的插花或盆花，如月季、杜鹃、米兰等。其艳丽的色彩、清馥的香味，可使人的大脑处于悠然之境，并能增加消费者的食欲。

（2）音响。餐厅中特定的音响效果能够产生独特的气氛，在餐厅中布置山水小景，山石滴泉的"叮咚"声响使人如同漫步泉边溪畔。餐厅播放一些行云流水的背景轻音乐，如克莱德曼的钢琴曲等，都能使餐饮消费者的就餐心情变得格外舒畅。

（3）灯光。餐厅灯光的强弱与光色的照射，对餐饮消费者的就餐情绪有着重要的影响。

合理的餐厅光色，既可以激发消费欲望，又可以使消费者乐于在视觉舒适的餐厅环境中就餐。

（4）色调。不同的色彩能引起餐饮消费者的不同联想，产生不同的心理感受。餐厅的色彩调配得当，醒目宜人，对餐饮消费者和餐厅服务员的情绪调节、预防冲突都将具有重要意义。

（5）布局。餐厅的整体氛围是消费者产生愉悦的就餐心理的又一重要因素，如果其布局能根据餐厅主题和餐饮市场定位的消费者心理进行设计，必将受到顾客的青睐。

2. 餐饮促销手段二：热情服务促销

服务员的主动招呼对招徕顾客具有很大的作用。比如有的顾客走进餐厅，正在考虑是否选此餐厅就餐，这时如果有一个面带笑容的服务员主动上前招呼"欢迎光临"，同时引客入座，一般情况下，顾客即使对餐厅环境不是十分满意也不会离开。当然，主动招呼不等于硬拉。强拉硬扯反而会引起顾客反感，避而远之。

服务人员应对餐厅所经营的菜点和服务内容了如指掌，如食物用料、烹饪方法、口味特点、营养成分、菜肴历史典故、餐厅所能提供的服务项目等，以便向客人作及时介绍，或当客人询问时能够作出满意的答复。如果能事先了解市场和顾客的心理需求以及风俗习惯、生活忌讳、口味喜好等，便可有针对性地推荐一些适合他们心理需求的产品和服务。

在客人就餐时，服务员要注意观察客人有什么需要，要主动上前服务。比如有的客人喝完一杯葡萄酒后想再来一杯，而环顾四周却没有服务员主动上前，客人因怕麻烦可能不再要了。所以，在宴会、团体用餐、会议用餐的服务过程中，服务员要随时注意，看到客人杯子一空即马上斟酒，往往在用餐过程中会有多次饮酒高潮，从而大大增加酒水的销售量。

3. 餐饮促销手段三：服务技巧促销

服务员在接受客人点菜时应主动向客人提供多种建议，促使客人增加消费数量或消费价格更高的菜点、饮料，一般可采用以下办法。

（1）形象解剖法。服务员在客人点菜时，把优质菜肴的形象、特点，用描述性的语言加以具体化，使客人产生好感，从而引起食欲，达到促销的目的。

（2）解释技术法。即通过与消费者的友好辩论、解释，消除其对菜肴的疑惑。

（3）加码技术法。对一些价格上有争议的菜点，服务员在介绍时可逐步提出这道菜肴的特点，给客人以适当的优惠。

（4）加法技术法。逐步加深对菜肴的特色和优点的介绍，让消费者形成深刻的印象，从而产生购买的欲望。

（5）除法技术法。对于一些价格较高的菜点，有些客人会产生疑虑，服务员应耐心解释，这样能使客人理解菜点的价格，从而产生购买欲望。

（6）提供两种可能法。针对有些客人求名贵或价廉的心理，为他们提供两种不同价格的菜点，供客人挑选，由此满足不同的需求。

（7）利用第三者意见法。即借助社会上有地位的知名人士对某菜点的评价，来证明其高质量、价格合理，值得购买。

（8）代客下决心法。当客人想点菜，但或多或少还有点犹豫，下不了决心，服务员可说："先生，某道菜我会关照师傅做得更好一点，包您满意。"这样的言语能促使客人下定决心。

（9）利用客人之间矛盾法。如果来就餐的二位客人，其中一位想点某道菜，另一位却不想点，服务员就应利用想点的那位客人的意见，赞同他的观点，使另一位客人改变观点，达到使客人购买的目的。

4. 餐饮促销手段四：实物陈列促销

实物促销法是借助餐厅产品实物或图片、模型来刺激客人购买的一种推销方法。餐厅经营者通过有意识地设计各种刺激物或刺激方法来影响人的情绪，激起客人的购买欲望，吸引并留住客人就餐，并且刺激客人追加点菜、酒水等消费。实物促销主要有以下六种表现形式。

（1）实物模型宣传。在餐厅门口或客人经过的地方，陈列餐厅经营产品和服务实物模型，张贴产品和服务的图片、宣传画、布告牌等，从视觉、听觉、嗅觉等方面对客人进行感官刺激，以激发消费者的消费欲望。

（2）原材料陈列。比如在餐厅进门处设置海鲜池，既具有很强的观赏性，又可使客人相信本餐厅所使用的原材料都是新鲜、卫生的，容易对菜肴质量产生满意感，而且当着客人的面称取海鲜，能使客人对分量放心。

（3）半成品展示。餐厅可以将一些菜肴原料切配好，经初加工装盘陈列。自助餐厅就是运用成品陈列促销的典型代表。客人往往在看过烹调好的、陈列有序的菜点后才做出是否在餐厅用餐的决定。

（4）推车陈列促销。推车上的菜不一定是客人非买不可的。但当客人看见这些菜品，便有可能冲动性地产生购买动机和行为。如某餐厅使用推车，陈列一些高档酒水，推到客人面前按杯零售。从实施效果来看，销售情况良好，以前少有问津的酒水现在也推销出去了。

（5）现场烹调制作。可将菜肴的烹制过程放在餐厅进行，或将菜肴的最后一个烹制环节放在餐厅进行，如厨师现场烹制煎蛋、铁板烧、锅巴虾仁等，由此让客人看到形、观到色、闻到香，从而使他们因消费冲动做出消费决定，使餐厅获得更多的销售机会。

（6）试吃实物。对于一些需特别促销的菜肴如各种名点、名菜，可以采用客人试吃的方法促销。服务员用餐车将菜点推到客人的桌边，让客人先品尝，如喜欢就现买，不合口味的再请点其他菜点，这既是一种良好的服务，又是一种很好的促销手段。

上面整理了一些餐饮促销手段，当然，促销手段是为了餐饮的市场运作服务的，因此，一切还要以实际情况来定。

（二）七夕节餐饮促销案例

案例一 "逸生活"食坊，名师独门菜经典集萃

没有都市喧嚣、充满浓郁的异国温馨浪漫氛围的小餐厅——"逸生活"食坊，位于北京朝阳区三里屯，这里除了浪漫的气氛，意、法经典美食外，还有一个让人心动的开放式厨房，让恋人们不禁对美好家庭生活充满无限憧憬，用红玫瑰和水晶烛台精心布置的餐桌，营造出最适合情人节的浪漫温馨氛围。

情人节当天，"逸生活"食坊为恋人们准备的是从开胃菜到甜品的四味套餐。浓情三文

鱼塔，把蔬果的香甜清脆和挪威腌三文鱼的鲜美巧妙地融合在一起，两颗交叠的心象征心心相印、永不分离；红薯姜汤，将爱情与生活的朴实、温馨表达得恰到好处；深海之恋——法式海鲜汁烩金枪鱼及墨鱼，感受爱的深邃和丰富；草莓奶油酥千层塔，完美诠释热恋的激情甜蜜到相伴的内敛醇厚。另外，"逸生活"食坊还随餐赠送精酿红酒。

悦耳的旋律拨动心弦，让恋人们回想起第一次约会时心中的感动；家一般的舒适温暖触动心底深藏的归属感；柔和的灯光牵动系在彼此心间火红的情丝；灯下婆娑的树影更添一份神秘的浪漫，这里会成为两人回忆中最绚丽的一页。

案例二　酒店情人节营销小点子

一家酒店要占得情人节市场先机，就必须花心思设计一些独特的"浪漫点子"。真正的营销高手，能找到新奇的点子，做有创意的营销。有人形象地说，一个好的促销主题就像是一个动人的"媚眼"，对消费者有相当大的吸引力。

1. 情人玻璃瓶

位于广州环市路的某四星级酒店，2013年在情人节就开展了一个名为"情人玻璃瓶"的主题活动：酒店提供彩色玻璃瓶，情人们把爱情蜜语写在纸上，然后塞进瓶里，再用丝带绑好，送予对方。据闻，这样的营销活动成本较低，效果却很好。

2. 香花送美人

2014年情人节，该酒店则举行以玫瑰鲜花装饰的"花世界主题情人夜"。会场用300多支玫瑰及其他装饰物布置，营造浪漫、温馨的进餐环境。届时有歌手在餐桌旁助兴表演，为情侣唱上情意绵绵的醉人乐曲，而别有风情的萨克斯演奏及吉他弹唱也让人陶醉一番。在席间或离席时男士可随意摘取玫瑰，赠送情人。

3. 黑白着装晚宴

在北京，曾有酒店举办黑白着装晚宴，规定参加的男士要穿燕尾晚礼服，女士着白色或黑色套装，室内乐团奏轻柔舒缓的乐曲。席间客人或进食自助餐，或翩翩起舞。有行家分析，这样的主题宴会不一定是最好，但总比单一的餐饮推广要强。

4. 电影场景仿真

一位见多识广的酒店人说："酒店的餐厅固然高雅，然而在情人节最好能围绕'情'字做文章，有创意的布置将给客人一个难忘的惊喜。"他提到曾参加一个由外国公司举办的主题宴会，会场布置真是令人如入仙境，鲜花由荷兰空运过来，四周的布景犹如电影般不断幻变。这位酒店人认为，创意是无限的，比如把餐厅的地毯掀起，铺上沙粒，天花板上拉起帷幔或帐篷，再想一个全新的诱人的主题，一个有创意的特色营销活动就设计出来了。

案例三　西餐厅、酒吧七夕节营销小点子

七夕节临近，各地西餐厅纷纷推出促销活动，希望借中国的七夕商机赚个盆满钵满。如今的西餐厅过七夕，不仅仅是找个由头打折促销罢了。看看2011年全国各地西餐厅七夕活动方案集锦，除了物美价廉的美食，还充满了浪漫和温馨。

1. 哈尔滨西餐厅：分羹中国七夕节

有红酒、牛排的烛光晚餐本是西方节日的必备餐。而今，众多西餐厅为了招揽顾客，纷纷推出"七夕套餐"。

位于道里区西十二道街上的金安国际购物广场里，一西餐厅工作人员说："'七夕节'期间，除了价格优惠，我们还送小礼物。目前看，预订情况很好。"那么，商家如何认定就餐者是情侣呢？工作人员表示，其实不一定非要是情侣或一男一女来就餐，只要买双人套餐，一个人也行。

2. 荆州第三空间西餐厅：幸福来敲门

第三空间西餐厅为七夕活动提供浪漫优雅的活动环境，并将为参与七夕交友派对的帅哥靓女们提供精致的晚餐，确保菜肴干净、卫生、可口。

据了解，"幸福来敲门"大型交友活动的宣言是"牵手楚网、牵手幸福"，旨在为荆州同城单身男女提供一个展现自我、结交新朋友的机会。活动环节包括 5 分钟聊天、假面舞会、互动游戏、情歌对唱等。

前期已有多位气质型单身女生报名，近日，报名男士增多，一些企事业单位的单身帅哥有组团报名的意向。一位已报名的女生说："参加这样的活动不仅可以时尚过七夕，更能拓展自己的人脉，建立自己的朋友圈，是一种蛮不错的选择。"

3. 七夕自助酒吧：调制鸡尾酒

如果想过一个时尚而新颖的七夕节，不如带着他（她）到自助酒吧，亲手为她（他）调制一杯独一无二的鸡尾酒。如果你还不太会调，那也没关系，自助酒吧里充满了调制鸡尾酒的高手，随便找个人学学，包管你能在"七夕"那天露一小手。

案例四 中小餐馆急推百元"七夕餐"

"海枯石烂"、"相濡以沫"、"爱我久久"……这样的甜言蜜语作为菜品出现在七夕节的"烛光晚餐"菜单上，显得寓意尤为深长。而不少有情人正是奔着"花哨菜名"，抢先预订起"七夕宴"。

临近"七夕节"这个全城热恋的节日，在杭城，和中国情人节有关的商战愈演愈烈。杭城不少中小型餐馆着急在口碑网上晒起了"七夕节菜单"，套餐价格足足比人均消费在 200～300 元/位的西餐便宜了近一半。但和小餐馆的热烈追捧相比，大酒店则对七夕节表现冷淡。

任务准备

一、团队组建

本书大部分内容的学习采取小组学习的方式进行，请在规定时间（15 分钟）内自行组建学习小组（每组人数视班级情况自定）。

学生分好组后，以小组为单位坐在一起。各组围成半圆，中间的场地空出来，便于组织活动。每组选出组长、秘书，定出组名，编好组歌，画出组徽，制定小组格言，并记录在下表中。

组名				
小组格言				
组徽		组歌		
组长		秘书		
组员姓名	联系电话	组员姓名		联系电话

二、教师下发任务书

任务书

1. 任务目标

（1）了解中国传统节日里如何针对情侣进行菜肴与酒水推销服务。

（2）制订中国传统节日端午节的菜肴与酒水推销方案。

2. 任务要求

（1）在教师指导和辅助下，以小组为单位完成"收集用餐客人对菜肴和酒水需求以及特殊要求的信息资料"的学习。

（2）以小组为单位，收集酒店针对不同顾客类型成功进行菜肴与酒水推销服务的经典案例。

3. 活动规则

（1）各组自行做好计划书，明确分工。

（2）活动过程必须全体组员参与。

（3）要通过各种形式（相片、视频、漫画、小品演示等）将活动过程记录下来。

（4）任务完成后，要向全班同学汇报，并展示任务的完成过程。

任务实施

一、制订实施方案

认真分析任务，并确定好任务实施方案。

_____

_____

二、确定人员分工

任务实施过程中要明确分工任务，组长要调动组员充分表达不同意见，形成职责清晰的任务分工表。

组员姓名	任务分工

三、过程监督

请各组成员在任务实施过程中做好过程记录，组长负责监督，全组共同完成进度监督表。

工作阶段	时间	进度描述	检查情况记录	改善措施以及建议

四、各组成员记录任务实施过程中的困难及收获

困难：_____

_____

小组成员想到的解决方法：_____

_____

本次活动的收获：_____

_____

五、展示活动记录

每个小组在任务实施过程中，可以用各种形式把本组搜集到的"针对情侣进行菜肴与酒水推销服务"和"拟订中国传统节日——端午节的菜肴与酒水推销方案"以及收集到的"中国传统节日菜肴与酒水推销服务"的成功例子记录下来，并以各种形式展示出来。

六、班内汇报

汇报内容包括对本次任务完成情况的介绍、任务实施过程中遇到的困难和解决的方法、对所观察及搜集到的内容的解说等。小组互相评价，并对同学的汇报情况做好记录。

组别	汇报情况（包括任务完成情况介绍、过程处理及搜集效果等方面）

七、归纳总结

通过本次活动，请你归纳中国传统节日菜肴与酒水推销服务，请以自己的经历为例进行说明。

_____

_____

_____

_____

_____

评价反馈

以小组为单位，结合表中标准，围绕自己在活动前后的思想、行为等变化，进行客观评价。

中国传统节日菜肴与酒水推销综合体现评价标准
（1）遵守规则。
（2）能快速找到与组员的共同目标。
（3）能准确无误、无条件地接受并立即执行组内指令。
（4）能按事先确定的方案尽力完成任务。
（5）能建立良好和谐的人际关系，使工作尽快开展。
（6）能够化解任务中的障碍。
（7）能勇于承认错误，敢于承担责任。
（8）能以大局为重，调整自己的工作节奏。
（9）能在团队合作中表达自己的意见，虚心接受他人的建议和批评。
（10）为了实现共同目标，能牺牲自己的利益。

活动前		活动后	
思想描述		思想描述	
行为描述		行为描述	
感悟			

思考与练习

（1）中国传统节日菜肴与酒水推销概念是什么？在推销过程中洞察客人性格，具体表现为哪些类型？

（2）菜肴与酒水推销服务员应掌握哪些营养配餐知识？

（3）服务员点菜有哪些推销技巧和原则？

（4）如何针对挑剔的客人进行菜肴与酒水推销服务？

（5）结合所学知识，拟订中国传统节日——元宵节的菜肴与酒水推销方案，并说出在推销过程中有哪些注意事项。

学习活动　了解西方文化精髓　看懂西方宴请形式

● 学习目标

> 1. 能认知西方常见菜肴、酒水以及西菜与酒水的搭配；
> 2. 能针对不同类型客户的需求进行菜肴与酒水的推销；
> 3. 能规范地使用汉语和英语进行餐厅常规推销服务；
> 4. 能针对西式不同宴请活动进行菜肴与酒水推销；
> 5. 能针对西式不同宴请活动拟订菜肴与酒水推销方案。

学习任务

（1）组建学习小组。
（2）认知西餐常见的菜肴和酒水。
（3）收集西式用餐客人对菜肴和酒水的需求以及推销技巧等相关资料。
（4）拟订西式宴请菜肴与酒水推销方案。
（5）收集西式宴请活动中针对不同顾客类型成功进行菜肴与酒水推销服务的经典案例。

任务引入

请大家回答如下问题：
（1）西式宴会有哪些类型？
（2）西式宴请活动中菜肴与酒水推销服务的重要性是什么？
（3）西式宴请活动中菜肴与酒水推销有什么技巧？

任务布置

（1）每 6 ~ 8 人组成一组，以小组为单位，围绕"拟定西式鸡尾酒会菜肴与酒水推销服务方案"这个主题，搜集相关知识。

（2）同样以小组为单位，搜集并记录西式宴请活动中酒店针对老人成功进行菜肴与酒水推销服务的一些典型案例。

（3）将上述两项任务以各种形式（照片、视频、漫画、小品演示等）记录下来，并作一些简单的解释。

知识链接

第一节　西餐的基本知识

一、西餐的定义

西餐是欧美各国菜肴的总称，西餐服务是指服务员为食用西餐的客人提供的一系列接待服务。

西餐是根据西方国家饮食习惯烹制出来的菜点，通常以法国、意大利、美国、英国、德国等国家的菜肴为代表。西餐发源于欧洲，最早形成于古罗马时期，西餐真正传入中国是在1840年鸦片战争时期，至今已有100多年的历史。西餐是西菜、西点及其烹调方法与进餐习俗的总称。狭义的西餐欧美菜是指法、俄、意、美、澳等国白种人的饮馔体系。

（一）西餐的标志

西餐的主要标志：食馔多系肉品、奶酪、瓜果及面包、饮料；重视烧烤和汤品，自行调味；餐桌为长台，实行分餐制，使用刀叉。

图2-1-1　西餐厅

（二）西餐在中国的初步传播阶段

这一阶段的时间大致是从1840年到1900年，典型的提供西餐的餐厅如上海福州路的"一品香"，北京的"醉琼林"、"裕珍园"等。

（三）西餐在中国的广泛传播阶段

1900 年，法国人创办了"北京饭店"，供应法式西餐；德国人在天津创办了"利顺德大饭店"，供应德式西餐。从 20 世纪 20 年代起，上海的西餐馆得到迅速发展，20 世纪 30 年代又有许多大饭店相继开业，供应的西餐以法国菜为主，有煎蜗牛、生牡蛎、烧鹅肝、黑蘑菇等，也供应英国菜、美国菜、意大利菜和俄国菜。20 世纪二三十年代是西餐在中国传播最快的时期。

（四）西餐在中国的飞速发展阶段

近 30 年来，由于旅游事业的蓬勃发展，外国游客不断增多，我国旅游饭店西餐的经营规模不断地扩大和发展，许多中国的西餐厨师经过培训，烹调技术有了很大的提高，现在我国二星级以上的酒店都能提供西式早餐和正餐服务，随着我国国际交往的日益频繁，西餐在我国必将得到进一步发展。

二、西餐的服务方式

（一）美式服务（又称盘式服务）

因为人工费昂贵，而美式服务恰好能有效节省时间和人力，所以目前许多餐厅都采用这种服务方式。这种服务方式的特点是所有菜肴都在厨房准备好上盘，由服务人员端出并从客人右手边上桌。面包、奶油及菜肴的配料应由客人左手边上桌。美式服务适用于翻坐次数频繁的餐厅，如咖啡厅或大型宴会。

1. 美式服务的优点
（1）服务便捷有效，同等时间内可服务多位客人。
（2）不需做现菜，分菜的工作简单且容易学习，不需要熟练的服务人员。
（3）服务最快速，能将食物趁热供给客人。
2. 美式服务的缺点
（1）缺少表演的机会，没有献菜、分菜及桌边服务那样细腻。
（2）并非一种很亲切的服务方式。

（二）法式服务

服务人员献上菜盘，由客人左手边呈上给客人过目，然后由客人自行挑选，夹取喜欢的食物以及所需要的分量到餐盘上享用。服务方式为左手腕托持银菜盘，置服务巾垫于盘下，并在银菜盘上放置服务用的叉匙。服务完一人，服务员原则上以逆时针方向继续为其他客人服务。在服侍下一位客人之前，服务人员必须先将银菜盘中的其他菜肴重新排列，法式服务适用于精致华丽的场合或宴会。

1. 法式服务的优点
（1）不需要众多或技巧熟练的服务人员即可进行服务，也不需要太大的空间摆放器具。
（2）客人可按需自行选择菜肴的种类与数量，服务人员工作较轻松容易。

2. 法式服务的缺点

（1）由客人自己动手取菜，服务过程缓慢。

（2）由客人自己动手取菜，必会给客人造成麻烦，同时似乎并未尽到服务顾客的责任。

（3）因为由客人自行夹取，所以常有菜肴剩余或菜肴不够的情况发生。

（三）英式服务

英式服务与法式服务基本相同，唯一不同的是客人的食物需由服务人员以右手操作，用服务叉匙将菜肴配送到客人盘中，供其享用。当宴会中需要较快速的服务时，经常采用这种服务方式。

1. 英式服务的优点

（1）提供个人服务，但比法式服务更迅速，更有效率。

（2）可为客人提供分量均等的食物。因为菜肴已事先在厨房内按规定的分量切好，并由服务人员控制分菜的分量，不必让客人自己动手。

2. 英式服务的缺点

（1）有些菜肴不适合采用这种服务方式，如鱼或蛋卷等。

（2）如果很多客人点不相同的菜肴，服务生便需从厨房端出很多菜盘。

（3）分菜服务必须要由技巧熟练的服务人员进行，工作较为辛苦。

（四）俄式服务（手推车服务）

菜肴先以原样（整块，例如牛排）展示后，当场在客人面前切割，然后再进行桌边式服务。服务人员左手持服务叉，右手持服务匙，将菜肴送到客人的餐盘内，并排列美观，然后以右手端盘，由客人右手边上桌，供客人享用，同时可借此机会询问客人的喜好及对分量的要求。这种服务方式适用于提供在客人面前调制菜肴的桌边服务的高级餐厅。

1. 俄式服务的优点

（1）适用于各式菜肴，汤、冷盘、主食等均适用。

（2）因为服务工作在手推车上进行，所以不易弄脏桌布和顾客衣物。

（3）为客人提供最周到的个人服务。

2. 俄式服务的缺点

（1）因使用手推车进行服务，故需较宽敞的空间，餐厅座位因而相对减少。

（2）服务速度缓慢。

（3）需要较多且技巧熟练的人手进行服务。

（4）需要多准备一些旁桌之类的设备，投资费用会增加。

三、西餐的主要菜系

西餐大致可分为法式、英式、意式、俄式、美式等几种，不同国家的人有着不同的饮食习惯，有一种说法非常形象，说"法国人是夸奖着厨师的技艺吃，英国人注意着礼节吃，德国人考虑着营养吃，意大利人痛痛快快地吃……"现在，我们就来看看不同西餐的主要特点。

（一）西菜之首——法式大餐

法国人一向以善于吃并精于吃而闻名，法式大餐至今仍名列世界西菜之首。

法式菜肴的特点是选料广泛（如蜗牛、鹅肝都是法式菜肴中的美味），加工精细，烹调考究，滋味有浓有淡，花色品种多。法式菜还比较讲究吃半熟或生食，如牛排、羊腿以半熟鲜嫩为特点，海味的蚝也可生吃，烧野鸭一般六成熟即可食用等。法式菜肴重视调味，调味品种类多样，经常会用酒来调味，什么样的菜选用什么样的酒都有严格的规定，如清汤用葡萄酒，海味品用白兰地酒，甜品用各式甜酒或白兰地等。法国菜和奶酪，品种多样，法国人十分喜爱吃奶酪、水果和各种新鲜蔬菜。

法式菜肴的名菜有马赛鱼羹、鹅肝排、巴黎龙虾、红酒山鸡、沙福罗鸡、鸡肝牛排等。

图 2 - 1 - 2 法式菜肴

（二）简洁与礼仪并重——英式西餐

英国的饮食烹饪，有"家庭美肴"之称。英式菜肴的特点是油少、清淡，调味时较少用酒，调味品大都放在餐台上由客人自己选用。烹调讲究鲜嫩，口味清淡，选料偏好海鲜及各式蔬菜，菜量要求少而精。英式菜肴的烹调方法多以蒸、煮、烧、熏见长。

英式菜肴的名菜有鸡丁沙拉、烤大虾苏夫力、薯烩羊肉、烤羊马鞍、冬至布丁、明治牛排等。

图 2 - 1 - 3 英式菜肴

（三）西菜始祖——意式大餐

在罗马帝国时代，意大利曾是欧洲的政治、经济、文化中心，就西餐烹饪来讲，意大利是始祖，可以与法国、英国媲美。

意式菜肴的特点是原汁原味，以味浓著称。烹饪注重炸、熏等，以炒、煎、炸、烩等方法见长。

意大利人喜爱面食，做法、吃法甚多。其制作面条有独到之处，各种形状、颜色、味道的面条至少有几十种，如字母形面条、贝壳形面条、实心面条、通心面条等。意大利人还喜食意式馄饨、意式饺子等。

意式菜肴的名菜有通心粉素菜汤、焗馄饨、奶酪焗通心粉、肉末通心粉、比萨饼等。

图 2-1-4　意式菜肴

（四）营养快捷——美式菜肴

美国菜是在英国菜的基础上发展起来的，继承了英式菜简单、清淡的特点，口味咸中带甜。美国人一般对辣味不感兴趣，喜欢铁扒类的菜肴，常用水果作为配料与菜肴一起烹制，如菠萝焗火腿、菜果烤鸭。美国人喜欢吃各种新鲜蔬菜和各式水果。美国人对饮食要求并不高，只要求营养、快捷。

美式菜肴的名菜有烤火鸡、橘子烧野鸭、美式牛扒、苹果沙拉、糖酱煎饼等。

图 2-1-5　美式菜肴

（五）西菜经典——俄式大餐

俄国沙皇时代的上层人士非常崇拜法国，贵族不仅以讲法语为荣，而且饮食和烹饪技术也主要学习法国。但经过多年的演变，俄国食物讲究热量高，逐渐形成了自己的烹调特色。俄国人喜食热食，爱吃鱼、肉末、鸡蛋和蔬菜制成的小包子和肉饼等，各式小吃颇负盛名。

俄式菜肴口味较重，喜欢用油，制作方法较为简单。口味以酸、甜、辣、咸为主，酸黄瓜、酸白菜往往是饭店或家庭餐桌上的必备食品。烹调方法以烤、熏、腌为特色。俄式菜肴在西餐中影响较大，一些地处寒带的北欧国家和中欧南斯拉夫民族的日常生活习惯与俄罗斯人相似，大多喜欢腌制各种鱼肉、熏肉、香肠、火腿以及酸菜、酸黄瓜等。

俄式菜肴的名菜有：什锦冷盘、鱼子酱、酸黄瓜汤、冷苹果汤、鱼肉包子、黄油鸡卷等。

图 2-1-6 俄式菜肴

（六）自助快餐——德式菜肴

德国人对饮食并不讲究，喜食水果、奶酪、香肠、酸菜、土豆等，不求奢华，只求实惠、营养。自助快餐就是德国人发明的。

图 2-1-7 德式菜肴

四、西菜的组成

西菜的午餐、晚餐，不论是宴会还是便餐，大多由头盘（开胃食品）、汤类、副菜、主菜、甜点等组成。

（一）头盘

头盘也叫开胃食品，一般为鱼子酱、鹅肝酱、焗蜗牛，也包括冷盘、法式馅饼和生牡蛎等菜品，作用是引起就餐者的食欲。

图 2-1-8　头盘

（二）汤

汤有浓汤和清汤之分。汤一般是热的，但也有冷冻的做法，例如奶油浓汤。

图 2-1-9　汤

（三）副菜

在汤和主菜之间提供。在现代西餐中，副菜指小份的意大利面食、海鲜煎薄饼、精制沙拉、小香肠或鱼（如果未选作主菜）等菜肴。副菜不能太丰盛，以免抢去主菜的风头。

图 2 – 1 – 10　副菜

（四）主菜

主菜指一餐中最主要的菜肴，客人据此再挑选别的菜品与之搭配。同样，厨师设计菜单时也应先确定主菜，再安排其他菜品与之相配。

图 2 – 1 – 11　主菜

（五）甜品

餐后提供甜品，主要有奶酪及其他各式甜点。

图 2 – 1 – 12　甜品

（六）咖啡与茶

西餐的最后一道是上饮料，咖啡或茶。喝咖啡一般要加糖和淡奶油。茶一般要加香桃片和糖。

图 2 - 1 - 13　咖啡与茶

五、西菜与酒水的搭配

在西餐中，酒水与菜式的搭配有一定的规律。这些规律是人们长期饮食实践的总结，也可以称之为饮食习惯。

总的来说，色、香、味淡雅的酒品应与色调冷、香气雅、口味纯、较清淡的菜肴搭配，如头盘、鱼、海鲜类应配白葡萄酒（需冰冻）。香味浓郁的酒应与色调暖、香气浓、口味杂、较难消化的菜肴搭配，如肉类、禽类配红葡萄酒。另外，咸食应选用干、酸型酒类，甜食应选用甜型酒类。在难以确定时，则选用中性酒类。

了解西餐菜肴与酒水的搭配知识，可以帮助我们在服务时向宾客推销恰当的酒品，使之与宾客所点用的菜肴相得益彰。当然，最终还是要取决于宾客本人的意见，不得强硬推销。

（一）餐前酒

用餐前可选用具有开胃功能的酒品，如鸡尾酒（cocktails）和软饮料（soft drinks）等。

（二）汤类配酒

一般不用酒。如需要，可配颜色较深的雪利葡萄酒（sherry）或白葡萄酒（white wine）。

（三）头盘配酒

头盘大都是些较清淡、易消化的食品。可选用低度、干型的白葡萄酒（dry），如德国 mesel 白葡萄酒，法国 burgundy 白葡萄酒。

（四）海鲜配酒

选用干白葡萄酒、玫瑰露酒，在喝前一般需冷冻。如德国 rhin 白葡萄酒，法国 bordeaux 白葡萄酒等。一般来说，红葡萄酒不与鱼类、海鲜类菜肴相配饮。

（五）肉、禽、野味配酒

选用酒度为 12% ~16% 的干红葡萄酒。其中小牛肉、猪肉、鸡肉等白色肉类最好用酒精度不太高的干红葡萄酒，如法国 beaujolais、bordeaux 红葡萄酒，意大利的 chanti 红葡萄酒和 ID8e 酒等。牛肉、羊肉、火鸡等红色、味浓、难以消化的肉类，则最好用酒精度较高的红葡萄酒，如法国 côfes. de – Nuits 红葡萄酒等。

（六）奶酪类配酒

食用奶酪时，一般配较甜的葡萄酒，也可继续使用配主菜的酒品，有时也选用 porte wine 配蓝奶酪（blue cheese），或山羊奶酪（goat cheese）。

（七）甜食酒

选用甜葡萄酒或葡萄汽酒，如德国的 rhin red wine、法国 graves red wine 和德国的 henkel。

（八）餐后酒

用餐结束后，可选用甜食酒、蒸馏酒和利乔酒等酒品，也可选用白兰地、爱尔兰咖啡等。香槟酒则在任何时候都可配任何菜肴饮用。

第二节　外国酒水基本知识

一、外国名酒的分类与特点

外国名酒俗称洋酒，一说到洋酒，大家脑海中出现的第一个词是不是"威士忌"（Whisky）？是不是"芝华士"（Chivas）、"杰克丹尼"（Jack Daniel's），以及"尊尼获加"（Johnny Walker）？其实洋酒还有好多种类。

（一）酿造酒

酿造酒是经发酵酿制而成的并未进行深加工的酒的统称。

1. 葡萄酒

葡萄酒是用纯的、成熟的新鲜葡萄酿制成的酒。

（1）按酒的颜色分类。

①红葡萄酒。它是用带色果皮葡萄为原料，即把果皮、果肉和果核一同榨汁进行发酵，酿成深红色、鲜红色或宝石红色的葡萄酒。

图2-2-1　葡萄酒

②粉红葡萄酒。它是用带色果皮白肉葡萄为原料，先把果皮、果肉、果核和果汁放进发酵槽内发酵5~6天，再把果皮、果肉和果核都除去，余下的果汁继续发酵。这样制成的酒就是介于红、白色之间的粉红葡萄酒。

图2-2-2　粉红葡萄酒

③白葡萄酒。它是用不带色果皮白葡萄汁或白肉红皮葡萄自流汁酿制成的淡黄色或金黄色葡萄酒。

图2-2-3　白葡萄酒

（2）根据酒中是否含二氧化碳分类。

①静酒。不含二氧化碳的葡萄酒。

②葡萄汽酒和气泡酒。含二氧化碳的葡萄酒。

（3）按酿造方式分类。

①无发泡性葡萄酒，就是通常饮用的葡萄酒。把成熟葡萄压出的汁液进行发酵，此后的糖分又分解成二氧化碳蒸发掉，留下汁液和酒精（一般为10%～12%），这便是无发泡性葡萄酒。

②发泡性葡萄酒（如香槟）。它是把无发泡性葡萄酒加入糖和酵母，促使其进行第二次发酵，再把溶解于酒中的二氧化碳连同葡萄酒一起装入酒瓶，起盖饮酒时，酒中的二氧化碳气泡便从瓶口冲出。

③强化葡萄酒（雪利、波特酒）。它是在葡萄酒发酵之前加入少量白兰地，酒度保持在20%，使酒质不易变化。

（4）按酒的含糖量分类。

按酒的含糖量，葡萄酒可分为干型葡萄酒、半干型葡萄酒、半甜型葡萄酒、甜型葡萄酒。

（5）按饮用的习惯分类。

①餐前葡萄酒。在餐前饮用的葡萄酒，均属于干型葡萄酒。

②佐餐葡萄酒。进餐同时饮用的葡萄酒，大多数也是干型葡萄酒

③待散葡萄酒。餐后饮用的葡萄酒，多为甜型葡萄酒，也称为餐后葡萄酒。

2. 其他果酒

用其他果酒酿造的酿造酒，必须注明水果名称以区别于葡萄酒。如草莓酒、樱桃酒、橘子酒等。

图2-2-4 果酒

3. 啤酒

啤酒是一种营养丰富的酒精饮料，素有"液体面包"之称。它含有11种维生素、17种氨基酸和相当数量的碳水化合物、蛋白质、矿物盐等。啤酒中含有的热量相当于250g面包，6～7个鸡蛋，300g瘦肉。

图 2 - 2 - 5　啤酒

4. 清酒

清酒是日本谷类酿造酒，是以大米为原料，蒸煮后拌以米曲，经糖化和发酵酿制而成。

（1）按制作的方法可分为纯米酿造酒、普通酿造酒、增酿造酒、本酿造酒、吟酿造酒。

（2）按口味可分为甜口酒、辣口酒、浓醇酒、淡丽酒、高酸味酒、原酒、市售酒。

（3）按储存期可分为新酒、老酒、老陈酒、秘藏酒。

（4）按酒税法规定的级别可分为特级清酒、一级清酒、二级清酒。

根据日本法律规定，特级与一级的清酒必须送交政府有关部门鉴定通过，方可列入等级。由于日本酒税很高，特级酒的酒税是二级酒的 4 倍，有的酒商常销售二级产品，受到内行饮家的欢迎。但是，从 1992 年开始，这种传统的分类法被取消了，取而代之的是按酿造原料的优劣、发酵的温度和时间以及是否添加食用酒精等分类，并标出"纯米酒"、"超纯米酒"等字样。

图 2 - 2 - 6　清酒

（二）蒸馏酒

任何酿造酒经过蒸馏提取而得到的酒精液统称蒸馏酒。这类酒的酒精含量较高，一般在40%以上，所以也称为烈性酒。

1. 白兰地（Brandy）

白兰地是以葡萄或其他水果为原料，经发酵、蒸馏而得的酒。以葡萄为原料制成的白兰地才能称为白兰地，而以其他水果为原料制成的白兰地必须标明水果名称，如苹果白兰地（Apple Brandy）、樱桃白兰地（Cherry Brandy）等。新蒸馏出来的白兰地须盛放在橡木桶内使之成熟，并经过较长时间的陈酿（如法国政府规定至少18个月），才会变得芳郁醇厚，并产生色泽。白兰地的储存时间越长，酒的品质越佳。白兰地的酒度为43%左右。

法国是世界上首屈一指的白兰地生产国，在法国白兰地产品中，以干邑（Cognac）最为著名，干邑又称科涅克，产于法国南部科涅克地区的一个特定区域。法国政府规定，只有在这个区域内生产的白兰地才称为干邑，其他地区的产品可以称白兰地，但不得称干邑。

干邑白兰地通常以一些英文字母表示其陈酿时间，如 V.O 为 10～12 年；V.S.O 为 12～20年；V.S.O.P 为 20～30年；F.O.V 为 30 年以内；Napoleon 为 40 年以上；X.O 为 50 年以上；X 为 70 年以上等。

干邑白兰地主要用作餐后酒，一般不掺任何其他饮料。

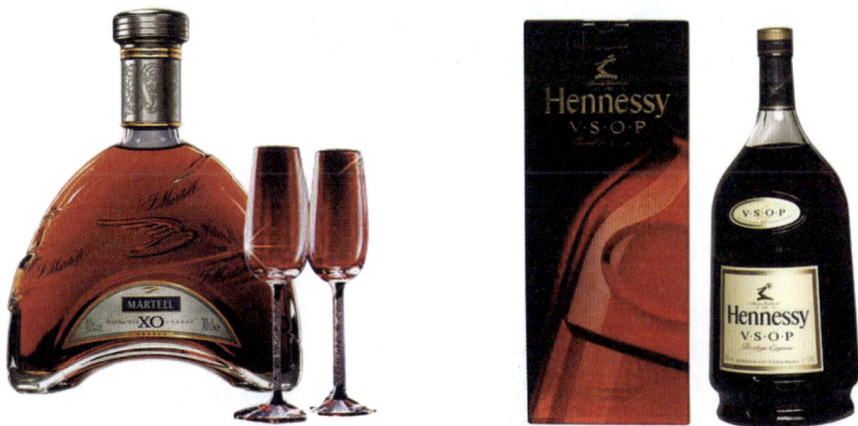

图 2-2-7　白兰地

2. 威士忌（Whisky）

（1）威士忌酿制。

威士忌是以大麦、黑麦、燕麦、小麦、玉米为原料，经糖化发酵、蒸馏、勾兑酿制而成的蒸馏酒。

威士忌因其蒸馏前的发酵工艺和啤酒极为相似，被认为是不加酒花的啤酒蒸馏酒。世界各地都有威士忌生产，以苏格兰威士忌最负盛名。按惯例，苏格兰、加拿大两地的威士忌书写为 Whisky，其他国家和地区的威士忌书写为 Whiskey，但在美国，两者可通用。威士忌的酒度为 40% 左右。

苏格兰威士忌以当地出产的大麦为原料，并以当地出产的泥煤作为烘烤麦芽的燃料，精制而成。新蒸馏出来的威士忌至少在酒桶内陈酿 4 年以上，在装瓶销售前还必须进行掺和调制。

（2）四大类著名威士忌（Whisky）。

世界上许多国家和地区都有生产威士忌的酒厂，但最著名且最有代表性的威士忌分别是苏格兰威士忌、爱尔兰威士忌、美国威士忌和加拿大威士忌四大类。

①苏格兰威士忌（Scotch Whisky），原产苏格兰，用经过干燥泥炭熏焙产生独特香味的大麦芽作酿造原料制成。

比较著名的品牌：Johnny Walker（尊尼获加），Chivas（芝华士），White Horse（白马威士忌）等。

图 2-2-8　苏格兰威士忌

②美国威士忌，以玉米和其他谷物为原料，原产美国南部又叫做波本（旁）威。

比较著名的品牌：Jim Bean Whisky（吉姆波旁威士忌），Jack Daniel's（杰克丹尼）等。

图 2-2-9　美国威士忌

③爱尔兰威士忌，口感柔和，好像在口中燃烧。原产爱尔兰，用小麦、大麦、黑麦等的麦芽作原料酿造而成。

比较著名的品牌：Jameson（詹姆逊）。

图 2 - 2 - 10　爱尔兰威士忌

④加拿大威士忌，主要由黑麦、玉米和大麦混合酿制，原产加拿大。

比较著名的品牌：Canadian Club Whisky（加拿人俱乐部威士忌）。

图 2 - 2 - 11　加拿大威士忌

3. 伏特加（Vodka）

伏特加是以马铃薯、玉米、小麦、大麦等原料经发酵、蒸馏后精制而成。伏特加无须陈酿，酒度为 40% 左右。

（1）纯净伏特加（Straight Vodka）。纯净伏特加是指将蒸馏后的原酒注入活性炭过滤槽内过滤掉杂质而得的酒，一般无色、无味，有一股火一般的刺激。其名品有美国的斯米尔诺夫（Smirnoff）、苏联的斯多里西那亚（Stolichnaya，又称红牌伏特加）、莫斯科伏斯卡亚（Moskovskaya，又称绿牌伏特加）等。

图 2-2-12　纯净伏特加

（2）芳香伏特加（Flavored Vodka）。芳香伏特加是指在伏特加酒液中放入药材、香料等浸制而成的酒，因此，它带有色泽，既有酒香，又带有药材、香料的香味。其名品有波兰的蓝野牛（Blauer Bison）、苏联的铂特索伏卡（Pertsovka）等。伏特加既可纯饮，又可广泛应用于鸡尾酒的调制。

图 2-2-13　芳香伏特加

4. 金酒（Gin）

金酒又称琴酒、毡酒或杜松子酒，是以玉米、麦芽等谷物为原料经发酵、蒸馏后，加入杜松子和其他一些芳香原料再次蒸馏而得的酒。金酒无须陈酿，酒度为40%～52%。

（1）荷兰金酒（Dutch Gin）。荷兰金酒是以麦芽、玉米、黑麦等为原料（配料比例基本相等）经发酵、蒸馏后，在蒸馏液中加入杜松子以及其他一些芳香原料再次蒸馏而成。荷兰金酒具有芳香浓郁的特点，并带有浓烈的麦芽香味，其名品有波尔斯（Bols）、宝马（Bokma）、汉斯（Henkes）等。荷兰金酒只适宜纯饮，不能与其他酒类饮料混合以调制鸡尾酒。

图 2 - 2 - 14   荷兰金酒

（2）千金酒（Dry Gin）。千金酒是以玉米、麦芽、裸麦等为原料（其中玉米占 75%）经发酵、蒸馏后，加入杜松子及其他香料（以杜松子为主，其他香料用量较少）再次蒸馏而成。其主要产地是英国，名品有哥顿（Gordon's）、将军（Beefeater）、得其利（Tan Queray）、老汤姆（Old Tom）等。千金酒既可纯饮，又可广泛用于调制鸡尾酒。

图 2 - 2 - 15   千金酒

5. 朗姆酒（Rum）

朗姆酒是以蔗糖汁或蔗糖浆为原料经发酵和蒸馏加工而成的酒。它有时也用糖渣或其他蔗糖副产品作为原料。新蒸馏出来的朗姆酒必须放入橡木桶陈酿 1 年以上，酒度为 45% 左右。朗姆酒按其色泽可分为三类。

（1）银朗姆（Silver Rum）。银朗姆又称白朗姆，是指蒸馏后的酒经过活性炭过滤后入桶陈酿 1 年以上的酒。酒味较干，香味不浓。

图 2-2-16　银朗姆

（2）金朗姆（Golden Rum）。金朗姆又称琥珀朗姆，是指蒸馏后的酒存入内侧灼焦的旧橡木桶中至少陈酿 3 年的酒。酒色较深，酒味略甜，香味较浓。

图 2-2-17　金朗姆

（3）黑朗姆（Dark Rum）。黑朗姆又称红朗姆，是指在生产过程中需加入一定的香料汁液或焦糖调色剂的朗姆酒。酒色较浓（深褐色或棕红色），酒味芳醇。

朗姆酒的名品主要有波多黎各的百加地（Bacardi）、牙买加的摩根船长（Captain Mor-gan）、美雅（Myers）等。

朗姆酒既可纯饮，也可加冰块饮用，还可广泛用于调制鸡尾酒或混合饮料。

图 2 - 2 - 18　黑朗姆

6. 特基拉（Tequila）

特基拉酒产于墨西哥，是以一种被称作龙舌兰（Agave）的热带仙人掌类植物的汁浆为原料经发酵、蒸馏而得的酒。新蒸馏出来的特基拉须放在木桶内陈酿，也可直接装瓶出售。酒度达到45％左右。其名品有凯尔弗（Cuervo）、斗牛士（El Toro）、欧雷（Ole）、玛丽亚西（Mariachi）等。

特基拉酒可纯饮或加冰块饮用，也可用于调制鸡尾酒。在纯饮时常用柠檬角蘸盐拌饮，以充分体验特基拉的独特风味。

图 2 - 2 - 19　特基拉

（三）调制酒

凡是用酿造酒、蒸馏酒作为基酒，和其他液体、固体和气体的非酒精物质进行勾兑、浸泡、混合等多种手段调制而成的各种酒类统称为调制酒。调制酒的品种比较庞杂，风格各异。根据其特点和功用大致分为开胃酒（Aperitif）、甜食酒（Dessert）、利口酒（Liqueur）三大类。

图 2 - 2 - 20　鸡尾酒

1. 开胃酒

凡是以具有开胃功能的葡萄酒、蒸馏酒为酒基进行调制的酒均属于开胃酒。开胃酒大致分为味美思（Vermouth）、比特酒（Bitter）、茴香酒（Anise）三大类。

（1）味美思（Vermouth）。味美思以苦艾为主，用奎宁、龙胆草、大小茴香、肉豆蔻、丁香、肉桂、白芷、陈皮、杜松子等多种香料、草药精制而成。酒度在 16%～18%。味美思按含糖量可分为干、半干、甜三种，干味美思含糖量在 4% 以下，甜味美思含糖量在 15% 以上，其余在 10%～15%。按色泽分有红、白之分，干味美思通常为无色透明或浅黄色，甜味美思呈红色或玫瑰红色，糖分越高，颜色越深。

味美思的著名品牌有马天尼（Martini）（干、白、红）、仙山露（Cinzano）（干、白、红）、卡帕诺（Carpano）、香百丽（Chambery）、杜法尔（Duval）等。

图 2 - 2 - 21　味美思

（2）比特酒（Bitter）。比特酒又称苦味酒、必打士，是从古代的药酒演变而来的，具有滋补、助消化和引起兴奋的功效。用于配制比特酒的药材主要是带苦味的草本植物，如阿尔卑斯草、龙胆皮、苦橘皮等具有一定的苦涩味的药。其以葡萄酒、蒸馏酒或食用酒精为基酒。酒度一般在 16%～45%。世界上著名的比特酒产自意大利、法国、特利尼达、荷兰、英国、德国、美国及匈牙利。

比特酒的著名品牌有金巴利（Campari）、杜本纳（Dubonner）、红必打士（Angostura）等。

图 2 - 2 - 22　比特酒

（3）茴香酒（Anise）。茴香酒是用茴香油与食用酒精或蒸馏酒配制而成的酒。茴香油中含有较多的苦艾素，通常提取于八角茴香或青茴香，有浓郁的茴香味，饮用时一般需要兑水或加冰块，酒度一般在 40% ~ 45%。茴香酒以法国产的最为著名，它有无色和染色之分，色泽因品种而异，通常具有明亮的光泽。

茴香酒的著名品牌有潘诺（Pernod）、巴斯特 51（Pastis51）、卡德（Ricard）等。

图 2 - 2 - 23　茴香酒

2. 甜食酒

甜食酒是一种佐助西餐甜食的酒精饮料，甜食是西餐的最后一道菜，所以甜食酒音译为"待散酒"，其字义与其功能相一致。味甜是甜食酒的主要特点。从工艺特点来看，甜食酒是强化葡萄酒，因此，甜食酒常被称为强化葡萄酒。生产著名甜食酒的地区集中在欧洲的南部。著名的甜食酒有葡萄牙的波特酒（Port）、西班牙的雪利酒（Sherry）、葡萄牙的马德拉酒（Madeira）等。

（1）波特酒（Port）。根据葡萄牙和英国的法律规定，只有葡萄牙杜罗河谷的锡那—科尔戈和拜索—科尔戈两地区生产的、用白兰地强化的、在加亚新镇陈酿的葡萄酒才能称为波特酒。波特酒是用葡萄原汁酒和葡萄蒸馏酒勾兑而成的调制酒品。波特酒一般为强化甜型葡萄酒，但也有少量干白波特酒。酒色为深红色，酒度达20%，糖分为7%，波特酒是世界上最优良的甜食酒，有甜、微甜、干三个类型。

图2-2-24　波特酒

（2）雪利酒（Sherry）。雪利酒也是世界著名的甜食酒，以加的斯所产的葡萄酒为基酒，勾兑以当地的葡萄蒸馏酒，采用十分特殊的"叠桶法"加以陈酿，逐年换桶，陈酿10~20年时质地最好。

在西班牙，依据具体酿造工艺的不同，雪利酒主要有菲奴、曼萨尼亚、安曼提那多和欧罗索几种类型。这几种雪利酒各有特点，菲奴和曼萨尼亚颜色很浅，味道比较淡，也不甜；欧罗索的颜色很深，味道很丰厚，有一点甜；而安曼提那多的颜色和味道介于这两者之间。

图2-2-25　雪利酒

（3）马德拉酒（Madeira）。马德拉酒产于葡萄牙属地马德拉岛，它是用当地生产的葡萄酒和白兰地为基酒进行勾兑的酒品，马德拉生产的强化葡萄酒酒度为16%～18%。其干性强化葡萄酒是上好的开胃酒；甜性强化葡萄酒是世界上屈指可数的优质甜食酒，其中长年陈酿的酒是世界上最长寿的酒品之一，至今还能找到拥有200年藏龄的酒品。

图2-2-26　马德拉酒

3. 利口酒

利口酒是一种含酒精的饮料，在中性酒（如白兰地、威士忌、朗姆、金酒、伏特加或葡萄酒）中加入一定的加味材料（树根、果皮、香料）等，经过蒸馏、浸泡、熬煮等程序酿造而成。由于其口味甚甜，故而也称为甜酒。

其名品有桑布加利口酒（Sambuca Liqueur）。酒体呈黑色，酒精含量为40%（体积分数），具有茴香香气，香料来自于特有的茴香树花油，适用于调兑汽水饮用，产地是意大利。

利口酒的香气很复杂，少数是用较单一的香料配制的，多数是用数十种甚至一百多种香料成分配制的，酒度为17%～30%。利口酒单饮是最好的餐后酒。

利口酒中较著名的品牌有君度（Cointreau）、口立沙（Curacao）、可可乳酒（Cremede Caoao）、咖啡利口酒（Cremede Café）、金万里酒（Grand Marnie）、石榴利口酒（Grenadine）。

图2-2-27　利口酒

二、西餐的酒水礼仪知识

善于饮酒的人，不仅能饮，而且会饮。要真正做到善用酒水，合乎礼仪，一般西餐需要特别注意酒菜搭配和喝酒礼仪两大问题。

（一）西餐中酒菜的搭配

在正式的西餐宴会里，酒水是主角，不仅它的价格最昂贵，而且它与菜肴的搭配也十分严格。一般来讲，吃西餐时，不同的菜肴要配不同的酒水，吃一道菜便要换上一种新的酒水。在西餐宴会中所上的酒水，一共可以分为餐前酒、佐餐酒、餐后酒等三种。它们各自又拥有许多具体种类。

餐前酒，别名开胃酒。显而易见，它是在开始正式用餐前饮用的酒水，或是在吃开胃菜时饮用的酒水。在一般情况下，人们喜欢在餐前饮用的酒水有鸡尾酒、味美思和香槟酒。

佐餐酒，又叫餐酒。毫无疑问，它是在正式用餐期间饮用的酒水。西餐里的佐餐酒均为葡萄酒，而且大多数是干葡萄酒或半干葡萄酒。在正餐或宴会上选择佐餐酒，有一条重要的讲究不可不知，即"白酒配白肉，红酒配红肉"。这里所说的白肉，即鱼肉、海鲜、鸡肉。吃它们时，须以白葡萄酒搭配。这里所说的红肉，即牛肉、羊肉、猪肉。吃这类肉时，则应配以红葡萄酒。鉴于西餐菜肴里的白肉多为鱼肉，故这一说法有时又被表述为："吃鱼喝白酒，吃肉喝红酒"。其实二者的本意完全相同，不过，此处所说的白酒、红酒，都是葡萄酒。

餐后酒，指的是在用餐之后，用来助消化的酒水。最常见的餐后酒是利口酒，它又叫香甜酒。最有名的餐后酒，则是有"洋酒之王"美称的白兰地酒。

在一般情况下，饮不同的酒水，要用不同的专用酒杯。在每一位用餐者桌面右边放餐刀，大都会横排放置三四只酒水杯。取用它时，可依次由外侧向内侧进行，亦可"紧跟"女主人的选择。在它们之中，香槟杯、红葡萄酒杯、白葡萄酒杯以及水杯，往往必不可少。

（二）酒会上的礼仪

酒类服务通常是由服务员负责将少量酒倒入酒杯中，让客人鉴别一下品质是否有误。只需把它当成一种形式，喝一小口并回答"Good"。接着，侍者会来倒酒，这时，不要动手去拿酒杯，而应把酒杯放在桌上由侍者去倒。

正确的握杯姿势是用三根手指轻握杯脚。为避免手的温度使酒温增高，应用大拇指、中指和食指握住杯脚，小指放在杯子的底盘。

一般而言，在正式的西式宴会上，通常会在宴会开始之前先安排半小时至1小时的简单鸡尾酒会，让参加宴会的宾客有交流的机会，互相问候和认识。服务时，由服务员托盘端送饮料、鸡尾酒，并巡回请宾客饮用；茶几或小桌上备有虾片、干果仁等小吃。在酒会进行的同时，该宴会的服务人员必须分成两组，一组负责在酒会现场服务，另一组则在宴会场所做餐前的准备工作。

如来宾脱衣帽，服务员要主动接住，挂在衣帽架上或存入衣帽间。如衣物件数较多；可用衣帽牌区别。每号衣帽牌要有两枚，一枚挂在衣物上，另一枚交给来宾以备领取。对重要的来宾则不可用衣帽牌，而要凭记忆力进行准确的服务，以免失礼。接挂衣服时应拿衣领，切勿倒提，以防衣袋内的物品倒出。宴会开始前请宾客入宴会厅就座，女士优先，服务员帮助宾客拉椅，递餐巾，倒冰水。引宾入座也要按宾主次序进行，主宾到达时宴会即正式开始。

图 2 - 2 - 28　喝酒干杯

第三节　西式宴会的基本知识

一、西餐宴会概述

西餐宴会是按照西方国家的礼仪风俗举办的宴会。其特点是遵循西方的饮食习惯，采取分餐制，以西菜为主，用西式餐具，讲究酒水与菜肴的搭配。

二、西式宴会的类型

（1）国宴。国宴是国家元首或政府首脑为国家庆典或为欢迎外国元首、政府首脑而举行的正式宴会。国宴厅内悬挂国旗，安排乐队演奏两国国歌及席间乐，席间有致辞或祝酒。

（2）正式宴会。正式宴会通常是政府和团体等有关部门为欢迎应邀来访的宾客或者来访的宾客为答谢主人而举行的宴会。

（3）便宴。便宴是非正式宴会，常见的有午宴、晚宴，也有早宴。这类宴会不拘严格的礼仪，随意、亲切，可以安排座位，不作正式讲话，菜肴数也可酌减，多用于招待熟识的宾朋好友、生意上的伙伴等。

（4）冷餐宴会。冷餐宴会的特点是不排席位，菜肴以冷食为主，可上热菜，有中菜和西菜。菜肴提前摆在食品台上，供客人自取，宾客可自由活动、

图 2 - 3 - 1　西式宴会

多次取食，酒水可放置在桌上，亦可由服务员端送。冷餐会既可在室内，又可在院里，可设小桌、椅子，宾客自由入座，也可以不设座位，站立进餐。举办时间一般在12：00—14：00，或18：00—20：00。

（5）鸡尾酒会。鸡尾酒会是一种具有欧美传统的集会交往形式。鸡尾酒会以酒水为主，略备小吃点心，形式较轻松，一般不设座位，没有主宾席，个人可随意走动，便于广泛接触与交谈。

（6）茶话会。茶话会是一种非常经济简便、轻松活泼的宴会形式，多为社会举行纪念和庆祝活动所采用。会上一般备有菜、点心和数样风味小吃、水果等。

（7）自助餐会。自动餐会是一种自己选取食物的餐会形式。由于其形式不拘一格，来宾可边吃边走动交谈，因此越来越受到中外人士的欢迎。自助餐可分为两种，一种是安排座位的，另一种是不安排固定座位的。

三、西式婚宴

（一）西式婚礼

洁白的婚纱、笔挺的西装、蛋糕香槟、抛花球……简洁神圣的西式婚礼，让那些追求小资情调的，梦想成为公主、王子的新人们十分心动。

图2-3-2　婚宴

在西方的教义里，两个人的结合是上帝的旨意，因此婚礼必须是圣洁的。

白色是婚礼上独一无二的主色调，白色的婚纱、白色的布置、白色的蛋糕、白色的婚车、白色的花卉……都会成为西式婚礼上最受欢迎的装饰物。因此，一切都显得简单和素雅。

西式婚礼讲究的是神圣和简单，又叫"神前婚礼"。统一着装的男女傧相以及天使一般的花童，众星捧月般的场面把一对新人衬托得像童话里的王子和公主，满足了许多新娘儿时的梦想。

西式婚礼的特色如下。

最经典的仪式：在神父的见证下，许下爱的誓言。

最常用的色彩：白色。

最大的亮点：抛花球。

西式婚礼的优势是简洁、浪漫、让人感动。在牧师、亲朋见证下的誓言，让婚礼显得庄重而浪漫。西式婚礼更注重结婚当事人的感受。

西式婚礼的缺点是程序简单，所以会显得冷清；不符合传统的婚礼习俗，难讨父母及其他长辈的欢心。

根据天主教教规，教区居民在举行婚礼之前一定要预告三次。据说结婚预告可防止不正当的婚姻。如果新娘和新郎有一方已结婚，或新娘和新郎可能有血缘关系，知情人看了结婚预告必须举报。由于这个办法行之有效，所以流传至今已有 1 000 多年的历史了。

在结婚之前要发婚礼请柬。过去都是由新娘这一方发送，现在逐渐由新娘、新郎双方负责发送。被邀请的客人一般带着庆贺礼物参加婚礼，过多地邀请客人会有贪图钱财之嫌。

在苏格兰，当举行婚礼仪式时，新娘一进门，她先要把一大块蛋糕抛向空中，抛得越高，就意味着婚姻越美满。如果她抛得不高，新郎和家人就会闷闷不乐，因为这预示着他们的婚姻会破裂。

在教堂举行的婚礼上，一般演奏两首婚礼进行曲。新娘走向神坛时，奏的是庄重舒缓的《婚礼合唱》，它选自理查德·瓦格纳 1848 年谱写的歌剧《洛亨格林》。新娘、新郎走出教堂时演奏的则是欢快的《结婚序曲》，它选自菲利克斯·门德尔松 1826 年谱写的《仲夏夜之梦》。

美国人的婚礼可概括为"旧、新、借、蓝"（something old, something new, something borrowed and something blue）。"旧"指新娘头上的白纱必须是母亲用过的旧纱，表示不忘父母的养育之恩。"新"指新娘的白色婚礼服必须是新的，它是纯洁、童贞的象征，也标志着新娘将开始新的生活。"借"指新娘手里拿的手帕必须是从女朋友那儿借来的，表示不忘朋友的友谊之情。"蓝"指新娘身上披的缎带必须是蓝色的，表示新娘对爱情的忠贞之情。

送交新娘是宗教婚礼仪式上的一个重要项目。新娘的父亲护送女儿走向教堂圣坛，在送交仪式上，新娘父亲将女儿的右手递给牧师，牧师再将新娘的手递给新郎。如果新娘的父亲已去世，就由一位男性亲属来代替。

婚礼上新郎和新娘要交换戒指。圆戒指象征夫妻恩爱长久。新娘和新郎要当众亲吻，此时，人们把大米撒落在新婚夫妇身上，预祝他们子孙满堂、人丁兴旺。

婚宴上新郎和新娘合力切开一只特制的结婚蛋糕，两人先互相喂吃一小块，然后把其余的蛋糕分给所有来宾享用。

婚宴快要结束时，新娘把花束抛向未结婚的女子，得到花束的为幸运女孩，她被认为是下次婚礼的新娘。

除了在教堂举办的传统婚礼之外，有些人或婚礼从简，或标新立异，举办各式各样的婚礼。如法院婚礼，婚礼在当地法院进行，由法官当证婚人，新郎和新娘穿着普通衣服，不办宴会，不请客人。也有的举办户外婚礼，就像平时的野餐一样。此外，还有空中婚礼、跳伞婚礼、海底婚礼，不一而足。

（二）西方婚礼之西式婚宴菜单

西方婚礼通常分为两个时间段，一是下午或者傍晚，二是上午11点。时间段不一样，西式婚宴菜单也不一样。

西式婚礼不像中式传统婚礼有那么大的规模，但是也有不少的礼仪。西式婚宴菜单提供了非常多的选择。

西式婚宴菜单之头盘：欧陆西冷切盘、金枪鱼塔、烟熏三文鱼配玉兰菜、黑鱼子酱酿蛋花拼盘、意式番茄芝士串、里昂火腿配青瓜、萨拉米迷你派、花样日本寿司。

西式婚宴菜单之沙拉：金枪鱼沙拉、泰式烤鸡沙拉、什锦田园沙拉、德式土豆沙拉、鲜果海鲜沙拉，配上意大利醋汁。

西式婚宴菜单之迷你三明治与面包：金枪鱼三明治、里昂纳三明治、火腿奶酪三明治、厨师长三明治、B. L. T. 三明治、健康蔬菜三明治、法式牛角面包。

西式婚宴菜单之甜品：水果挞（奇异果挞/混合果挞）、迷你姆斯杯、特选法式小甜点、巧克力布朗尼蛋糕、芒果夹心慕斯、摩卡黑方、黑森林蛋糕、抹茶蛋糕。

西式婚宴菜单之汤：洋葱汤、蔬菜汤、海鲜汤、牛尾汤。

西式婚宴菜单之主菜：红肉类，包括牛排、羊排、鸭肉、鹅肉等。赤霞珠红葡萄酒是牛排的最佳伴侣，羊排则与偏酸一些的格夫拉产区红葡萄酒匹配，鸭肉和鹅肉适宜与成熟型红葡萄酒搭配在一起。

（三）西式婚宴用的酒

在西餐礼仪中十分讲究以酒配菜，并在长期的饮食实践中总结出了一套相配的规律。一般各式牛排或烤牛肉，最适合选用浓味干型红葡萄酒；羊肉类菜肴如羊扒、烤羊肉，则适宜配淡味的红葡萄酒；猪肉类如火腿、烤肉等，适宜配香槟酒、甜白葡萄酒；家禽类菜肴，宜选用红葡萄酒、甜白葡萄酒；野味菜肴肉色浅、味道鲜美的，适合选用淡味的红葡萄酒。总而言之，口味清淡的菜式与香味淡雅、色泽较浅的酒品相配，深色的肉禽类菜肴与香味浓郁的酒品相配。

根据西餐用餐环节的不同，具体地说西餐中的酒可以分为餐前酒、餐中酒、甜食酒、餐后酒四种。

（四）西式婚宴配酒要点

（1）要点一：根据菜色来决定。

西式的餐礼中很讲究以酒配菜，总的来说淡菜配淡酒，而味道浓郁的菜则辅以香味浓郁的酒水。如一般各式牛排或烤牛肉，最适合选用浓味干型红葡萄酒；羊肉类菜肴如羊扒、烤羊肉，则适宜配淡味的红葡萄酒等。

（2）要点二：根据环节来定。

在西餐中，不同环节时喝的酒也是不一样的，一般分为餐前酒、餐中酒、甜食酒和餐后酒。餐前酒应该选择气味芳香、有开胃作用的酒；而餐中酒则要根据菜肴来决定，需要注意的是甜食酒一定不能太过甜腻；而餐后酒则不宜过烈，要能起到好的收尾作用。

（3）要点三：香槟解决疑难问题。

红酒分为干红和干白等类型，在食用海鲜和冷餐时通常选用干白，食用肉类时则选用干红。如果对于其中的具体划分并不清楚，那么就用香槟来解决问题吧！香槟可以和任何类型的菜式搭配，这样既不失礼仪，也不失情趣。而如果把香槟酒用作甜食酒，则需要一定的勾兑，可加入一些果汁。

（4）要点四：餐后酒。

在婚礼这样喜庆的日子里，每一个人都难免过量食用，而餐后酒的任务就是帮助宾客们加速消化。餐后酒中通常要添加一些药物，可以起到促进消化的作用。而餐后酒的酒度最好控制在30％左右，而且要保证一定的甜味。

（五）西式宴会餐桌服务主要程序

（1）面包服务。
（2）白葡萄酒服务。
（3）冷盘服务——鹅肝酱饼。
（4）鲜虾清汤服务。
（5）白酒茄汁蒸鲳鱼服务。
（6）青柠雪碧服务。
（7）红葡萄酒服务。
（8）主菜服务——烤芥末菲利羊排。
（9）各式精选奶酪服务。
（10）莓子千层蛋糕服务。
（11）咖啡或红茶服务。
（12）小甜点服务。

四、西式生日宴会

在西方，最初的生日聚会唯有国王才有权利举办，后来逐渐普及到民间，平民百姓也可以举办生日聚会了。

西方人的生日聚会，生日蛋糕必不可少，且都装饰得很精美，还要插上与过生日的人岁数相同数量的蜡烛。聚会开始时，则要关掉屋里的灯，点燃生日蜡烛，众人齐唱《祝你生日快乐》歌表示祝福。主人则手捧许愿石，默默许下美好的愿望，然后吹灭所有的蜡烛。接着便可开灯，主人在满堂欢呼声中切开蛋糕，分给亲朋好友，共享生日快乐。"寿星"一般要切蛋糕的第一刀，除非是太小的幼儿，父母才可以代劳。

在西方，不同国家的生日风俗虽然有所相似，但不同的文化传统还是会产生不同的生日礼仪，其中有些很奇怪，有些很有趣。

美国人的生日没什么特别的习俗，绝大多数小孩过生日都会有一个插着蜡烛的生日蛋糕，过生日的人要对着点燃的蜡烛许愿，然后吹灭蜡烛。如果他一口气吹灭了所有的蜡烛，那么人们相信他的愿望将会成真。

而德国人的生日蛋糕大部分是用巧克力制成的。若要举行生日宴会，也备有热巧克力。许多德国家庭都备有一些专供点燃生日蜡烛的木制圆环。这些圆环大得足以套在一块生日蛋糕外面，上面有许多插蜡烛的孔，每次使用时，可以插上如数的蜡烛。

英国人常说"生活从40岁开始"，所以许多英国人40岁那年，家人和亲朋好友会为他/她开一个盛大的生日聚会。不过英国一些地区也有奇怪的习俗。人们会在生日蛋糕内藏硬币、顶针等小物件，让人心惊肉跳。这种习俗源自中世纪，当时人们相信，过生日就要博好运，吃到硬币必有好运，吃到顶针则永远无法结婚。当然，食者事先会被告知生日蛋糕里藏有异物，以防不慎吞食而酿成恶果。

在西班牙，据说人们如果忘记自己的生日就不会再变老。因此人们将生日代之以庆宴，即过"命名"日。他们还在祭祀保护神的日子，为过生日的孩子取个保护神的名字。

在荷兰，孩子的生日晚会除了吹蜡烛之类的活动外，来宾们还要参加一项特殊的活动。那时，所有客人的礼物都要挂在一条绳子上，客人们必须蒙眼睛去摸寻，直到每人摸到一件礼物为止。拿进生日蛋糕时，孩子们会唱起："朗——兹欧——赫耶兹——莱温。"这是荷兰孩子们在表达"祝他长命"。

在芬兰，父母在孩子生日的前一夜，要在孩子房间布置一张祝贺生日的桌子，桌面用鲜花装饰，中间摆上生日蛋糕和亲朋好友送来的礼物。第二天早晨，全家人来到孩子屋里，唱起生日歌，唤醒酣睡的孩子为他庆祝，但没有固定的生日歌曲，每个家庭可以随意自选。然后这个孩子在床上用早餐，有时他还会得到一个特制的生日花冠。

澳大利亚的家庭若是临海，全家人则要在孩子生日的那一天到海里游泳。游泳后全家人就在海滩上野餐，来庆祝孩子的生日。

以色列的孩子在生日当天，要坐在装饰着鲜花和绿叶的椅子上，由亲友围拥着举起，孩子几岁就举几次，多举一次便是求得好运。而墨西哥人则在生日聚会上，会让过生日的孩子蒙上眼睛，拿着棍子敲打从屋面吊下的容器，直到敲开为止。此时，容器内事先装进去的各式糖果、玩具便纷纷掉下来，人们争先恐后地上前抢夺。当地人认为，这可以带来好运。

最有趣的是爱尔兰的"生日撞头"习俗。父母要把过生日的孩子的头朝下拎起，轻轻撞碰地板，一岁撞一下，有几岁就撞几下，多撞一下也表示求得好运。而北美一些地区则盛行"生日打"，不过打的是屁股，一岁打一下，打的次数以过生日的孩子岁数计算。接着，还要按"成长"、"活下去"、"有得吃"、"以后结婚"等必要的祈愿各打一下。

相比以上各种有趣的生日习俗，有些国家的生日却异常庄重，如北欧的丹麦、挪威等国。这些国家一年中除了重大公众节庆外，若见哪家门口挂国旗，就表示这家必有人过生日；如是该国重要人物过生日，则大街小巷都要挂国旗。而挪威的孩子过生日，还要在全班同学面前与舞伴一起跳舞，其他同学则唱生日歌为他/她祝福。

无论是中国或是西方，参加生日宴请或聚会，都要给主人送生日礼物。然而在接受生日礼物时主人如何表现，中西习俗却截然相反。中国人一般不可以当场打开礼物，否则会有贪婪之嫌，是失礼行为。西方人则不然，他们要当着送礼客人的面打开礼物欣赏，认为这样是表明主人喜欢客人送的礼物，客人也会因此感到欣慰和快乐。从这些细微之处可以体会到中西文化的差异。

世界各地民族风俗不同，过生日的方式也不同。

中国的小孩一周岁时，在孩子周围放上诸如书、针、硬币之类的东西。每件东西都有特定的含义，幼儿摸到的东西将预示其未来。中国的中老年人过生日，常吃长长的面条，表示长寿。

巴西人过生日的食品是糖果。

冰岛人过生日常吃带蜜饯的薄饼。

英国人过生日全天庆祝。在学校里，过生日的孩子常被抓住胳膊、脚和脖子举起来，每年一次，预示长高。

荷兰的孩子过生日，不仅能得到礼物，也把礼物分给别人。

在墨西哥，生日那天要尽可能早地致以祝贺，以图吉利，过生日的人常常在半夜被祝寿的朋友叫醒。

印度人过生日有宗教色彩，必须在黎明前祈祷和祝福。

泰国人在生日前的夜晚要点燃两支长蜡烛，一支同过生日者一样高，以求长寿。如果过早熄灭，则是不祥之兆。

五、西式酒会

西式酒会也称鸡尾酒会，以酒水及各种饮料为主，还有小点心，站着吃，来去自由，不存在迟到或早退，不设座椅，仅设小桌和茶几。鸡尾酒清凉爽口，酒度低，一般为10%～20%。

鸡尾酒会原为以鸡尾酒和其他饮料招待宾客的酒会，现又泛指各种酒会。鸡尾酒会的气氛十分随意，大家可以无拘无束地边饮边谈，是社交的好场所。酒会布置简单，不必有固定的桌椅。客人大部分站着进食，有时可设一张长桌作为主台，台下布置些花草、盆景。周围可放几套沙发供来宾休息，另外再放几个小圆台，台上摆放点心和下酒食品，客人们可以随意取食。盛鸡尾酒的杯子，习惯上使用容量较大的高脚玻璃杯。

鸡尾酒会有固定的举行时间，一般中午前不举行，除非国庆日才安排在正午12点。不同的场所，时间的规定也不一致。一般来说，在大旅馆、大饭店举行鸡尾酒会的时间是14：30—17：30；在酒吧间是14：00—17：00。如果在家里，则为16：00—18：00或者17：00—19：00举行。

按照过去的礼节，鸡尾酒会的主人应在酒会举行前发出请帖。收到请帖的人应该写回执，申明自己是否出席。但目前这种礼节已逐渐被抛弃。与其他宴会不同，鸡尾酒会期间，客人们可以自由出入，迟到不为失礼，早退也没有关系。

第四节 西餐常见饮食英语单词和句子

一、水果类（fruits）

菠萝 pineapple/西瓜 watermelon/香蕉 banana/柚子 shaddock（pomelo）/橙子 orange/苹果 apple/柠檬 lemon/樱桃 cherry/桃子 peach/梨 pear/枣 Chinese date/去核枣 pitted date/椰

子 coconut/草莓 strawberry/树莓 raspberry/蓝莓 blueberry/黑莓 blackberry/葡萄 grape/甘蔗 sugar cane/芒果 mango/木瓜 pawpaw（papaya）/杏子 apricot/油桃 nectarine/柿子 persimmon/石榴 pomegranate/榴梿 jackfruit/槟榔果 areca nut（西班牙产）/苦橙 bitter orange/猕猴桃 kiwi fruit（Chinese gooseberry）/金橘 cumquat/蟠桃 flat peach/荔枝 litchi/青梅 greengage/山楂果 haw/水蜜桃 honey peach/香瓜、甜瓜 musk melon/李子 plum/杨梅 waxberry red bayberry/桂圆 longan/沙果 crab apple/杨桃 carmbola/枇杷 loquat/柑橘 tangerine/莲雾 wax‐apple/番石榴 guava

二、肉、蔬菜类（meat, vegetable）

南瓜（倭瓜）pumpkin（cushaw）/甜玉米 sweet corn/牛肉 beef/猪肉 pork/羊肉 mutton/羔羊肉 lamb/鸡肉 chicken/生菜、莴苣 lettuce/白菜（甘蓝）Chinese cabbage（celery cabbage）/卷心菜 cabbage/萝卜 radish/胡萝卜 carrot/韭菜 leek/木耳 agarics/豌豆 pea/马铃薯（土豆）potato/黄瓜 cucumber/苦瓜 balsam pear/秋葵 okra/洋葱 onion/芹菜 celery/芹菜杆 celery sticks/地瓜 sweet potato/蘑菇 mushroom/橄榄 olive/菠菜 spinach/冬瓜 Chinese wax gourd/莲藕 lotus root/紫菜 laver/油菜 cole rape/茄子 eggplant/香菜 caraway/枇杷 loquat/青椒 green pepper/四季豆、青刀豆 garden bean/银耳 silvery fungi/腱子肉 tendon/肘子 pork joint/茴香 fennel/茴香油（药用）fennel oil/鲤鱼 carp/咸猪肉 bacon/金针菇 needle mushroom/扁豆 lentil/槟榔 areca/牛蒡 great burdock/水萝卜 summer radish/竹笋 bamboo shoot/艾蒿 Chinese mugwort/绿豆 mung bean/毛豆 green soy bean/瘦肉 lean meat/肥肉 speck/黄花菜 day lily（day lily bud）/豆芽菜 bean sprout/丝瓜 towel gourd［注：在美国，丝瓜或用来做丝瓜茎洗澡的，不是用来食用的］/西红柿 tomato

三、海鲜类（sea food）

虾仁 Peeled Prawns/龙虾 lobster/小龙虾 crayfish/蟹 crab/蟹足 crab claws/小虾（虾米）shrimp/对虾、大虾 prawn/（烤）鱿鱼（toast）squid/海参 sea cucumber/扇贝 scallop/鲍鱼 sea‐ear abalone/小贝肉 cockles/牡蛎 oyster/鱼鳞 scale/海蜇 jellyfish/鳖、海龟 turtle/蚬、蛤 clam/鲅鱼 culter/鲳鱼 butterfish/虾子 shrimp egg/鲢鱼、银鲤鱼 chub silver carp/黄花鱼 yellow croaker

四、调料类（seasonings）

醋 vinegar/酱油 soy/盐 salt/加碘盐 iodized salt/糖 sugar/白糖 refined sugar/酱 soy sauce/沙拉 salad/辣椒 hot（red）pepper/胡椒（black）pepper/花椒 wild pepper Chinese prickly ash powder/色拉油 salad oil/调料 fixing sauce seasoning/砂糖 granulated sugar

五、西餐常用著名酒水饮料

1. 饮料类

汤力水 Tonic

新奇士 Sunkist Soda

椰子汁 Coconut Juice

热红茶 Hot Black Tea

热柠檬茶 Hot Lemon Tea

苏打水 Soda

雪碧 Sprite

百事可乐 Pepsi

可口可乐 CocaCola

2. 洋酒及混合饮料

人头马 Remy Martin

马爹利 Martell

蓝带马爹利 Martell Cordon Blue

芝华士 12 年 Chivas Regal 12Y

黑方 Black Label

红方 Red Label

顺风 Cuttycark

波尔斯 Bols

威雀 Famous Grouse

杰克丹尼 Jack Daniel's

龙舌兰 Tequila

宝马 Bokma

哥顿金酒 Gordon's Gin

将军 Beefeater

珍宝 J & B

金铃 Bell

红牌 Johonre Walker Red

大力 Power

老头 Old Daniel

欧雷 Ole

百加的 Bacardi

麦耶（黑）/美雅士 Myers(Dark)

皇冠/斯米诺夫 Smirnoff

苏联绿牌伏特加 Moskovskaya

苏联红牌伏特加 Stolichnaya

德基拉安乔 Tequila Anejo
马天尼 Matini
加里安奴 Galliano
君度 Cointreau
轩尼诗 Hennessy
威士忌 Whisky
伏特加 Vodka
金酒 Gin
朗姆酒 Rum
白兰地 Brandy

六、常见西餐名称

常见西餐名称（一）

西餐 Western – style food，Western – style cuisine，Western – style dish
西式自助餐 Western buffet
西式冷餐 Western buffet
冷餐 buffet
冷菜 cold dish
1. 沙拉（salad）
沙拉，色拉 salad
火腿沙拉 ham salad
鸡沙拉 chicken salad
鸡脯沙拉 chicken – breast salad
鸡丝沙拉 shredded chicken salad
鸡蛋沙拉 egg salad
鱼片沙拉 fish salad
虾仁沙拉 shrimp salad
大虾沙拉 prawn salad
蟹肉沙拉 crab salad
素沙拉 vegetable salad
蔬菜沙拉 vegetable salad
鲜蔬菜沙拉 fresh vegetable salad
黄瓜沙拉 cucumber salad
鲜黄瓜沙拉 fresh cucumber salad
奶油黄瓜沙拉 cucumber salad with cream
西红柿黄瓜沙拉 cucumber salad with tomato
西红柿沙拉 tomato salad

甜菜沙拉 beetroot salad

红菜头沙拉 beetroot salad

沙拉油 salad dressing，mayonnaise

沙拉酱 salad dressing，mayonnaise

2. 肉（meat）

冷杂拌肉 cold mixed meat

冷什锦肉 cold mixed meat

冷肉拼香肠 cold meat and sausage

冷火腿蔬菜 cold ham with vegetables

什锦肉冻 mixed meat jelly

肝泥 mashed liver, live paste

牛肝泥 mashed ox liver，ox liver paste

牛脑泥 mashed ox brain，ox brain paste

冷烤牛肉 cold roast beef

冷烤里脊 cold roast fillet

冷烤羔羊腿 cold roast lamb leg

冷烤猪肉 cold roast pork

冷烩茶肠 cold stewed sausage

冷茶肠 cold sausage

奶酪 cheese

3. 鱼（fish）

红烩鱼片 stewed fish slices with brown sauce

茄汁烩鱼片 stewed fish slices with tomato sauce

鸡蛋鲱鱼泥子 minced herring with eggs

鸡蛋托鲱鱼 herring on eggs

熏鲱鱼 smoked herring

熏鲤鱼 smoked carp

沙丁油鱼 sardines

鱼肉冻 fish jelly

酿馅鱼 stuffed fish

红鱼子酱 red caviar

黑鱼子酱 black caviar

大虾泥 minced prawns

蟹肉泥 minced crab meat

4. 家禽（poultry）

鸡肉冻 chicken jelly；chicken in aspic

水晶鸡 chicken in aspic

鸡肉泥 minced chicken meat；chicken paste

鸡肝泥 minced chicken liver；chicken liver paste

鸭肝泥 minced duck liver; duck liver paste

酿馅鸡蛋 stuffed eggs

奶酪酿馅鸡蛋 stuffed eggs with cheese

酿馅鸡 stuffed chicken

冷烤油鸡蔬菜 cold roast chicken with vegetables

冷烤火鸡 cold roast turkey

冷烤山鸡 cold roast pheasant

冷烤野鸡 cold roast pheasant

冷烤鸭 cold roast duck

冷烤野鸭 cold roast wild duck

烤鸭冻粉 roast duck jelly

冷烤鹅 cold roast goose

冷烤野鹅 cold roast wild goose

常见西餐名称（二）

1. 热小菜（appetizers）

奶油烩香肠 stewed sausage with cream

红烩灌肠 stewed sausage with brown sauce

红酒汁烩腰花 stewed kidney with red wine, kidney with red wine

奶油烩腰花 stewed kidney with cream, kidney with cream

芥末煎火腿豌豆 fried ham and peas with mustard

奶油煎火腿豌豆 fried ham and peas with cream

奶油汁煎牛肝 fried liver with cream sauce, liver with cream sauce

鸡蛋汁煎鲱鱼 fried herring with egg sauce

奶酪口蘑烤鱼 fish au gratin

奶酪口蘑烤蟹肉 crab meat au gratin

奶油奶酪口蘑烤蟹肉 crab meat au gratin with cream

清煎鸡蛋 fried eggs

火腿煎蛋 fried eggs with ham, ham and eggs

火腿蛋 fried eggs with ham, ham and eggs

咸肉煎蛋 fried eggs with bacon, bacon and eggs

香肠煎蛋 fried eggs with sausage, sausage and eggs

清炒鸡蛋 omelette/omelet

香肠炒蛋 sausage omelette/omelet

火腿炒蛋 ham omelette/omelet

番茄炒蛋 tomato omelette/omelet

菜花沙蛋 cauliflower omelette/omelet

豌豆炒蛋 green peas omelette/omelet, omelette/omelet with green peas

鲜蘑炒蛋 mushroom omelette/omelet，omelette/omelet with mushrooms

果酱炒蛋 jam omelette/omelet，omelette/omelet with jam

2. 汤（soup）

清汤 light soup，clear soup，consomme

浓汤 thick soup，potage

肉汤 broth

奶油火腿汤 creamed ham soup，ham soup with cream

奶油鸡茸汤 creamed mashed chicken soup，mashed chicken soup with cream

奶油蟹肉汤 creamed crab meat soup，crab meat soup with cream

奶油口蘑解肉汤 creamed mushroom soup with crab meat

奶油大虾汤 creamed prawn soup，prawn soup with cream

奶油鲍鱼汤 creamed abalone soup，abalone soup with cream

奶油龙须菜汤 creamed asparagus soup，asparagus soup with cream

奶油芦笋汤 creamed asparagus soup，asparagus soup with cream

奶油菜花汤 creamed cauliflower soup，cauliflower soup with cream

奶油口蘑汤 creamed mushroom soup，mushroom soup with cream

奶油口蘑菜花汤 creamed mushroom soup with cauliflower

奶油西红柿汤 creamed tomato soup，tomato soup with cream

奶油番茄汤 creamed tomato soup，tomato soup with cream

奶油菠菜汤 creamed spinach soup，spinach soup with cream

奶油菠菜泥汤 creamed mashed spinach soup，mashed spinach soup with cream

奶油豌豆汤 creamed peas soup，peas soup with cream

奶油豌豆泥汤 creamed mashed peas soup，mashed peas soup with cream

肉杂拌汤 mixed meat soup

牛尾汤 ox – tail soup

牛肉丸子汤 beef balls soup

牛肉蔬菜汤 beef soup with vegetables

牛肉茶 beef tea

冷牛肉茶 cold beef tea

鸡汤 chicken soup

口蘑鸡汤 chicken soup with mushrooms

番茄鸡汤 chicken soup with tomato

鸡腿蔬菜汤 chicken leg soup with vegetables

咖喱鸡丁汤 curry chicken cubes soup

鸡块汤 chicken chips soup

鸡块面条汤 noodles soup with chicken chips

鸡块大米汤 rice soup with chicken chips

高加索鸡块汤 chicken soup a la Caucasus

鸡球蔬菜汤 chicken meatballs soup with vegetables

鸡杂汤 chicken giblets soup

鸡杂菠菜汤 chicken giblets soup with spinach

鱼汤 fish soup

家常鱼汤 fish soup in home style

红鱼汤 fish soup with tomato

红菜汤 borsch

蔬菜汤 vegetables soup，soup with vegetables

丸子蔬菜汤 meat balls soup with vegetables

酸菜汤 sour cabbage soup

龙须菜汤 soup with asparagus

葱头汤 onion soup

洋葱汤 onion soup

西红柿汤 tomato soup

番茄汤 tomato soup

白豆汤 white beam soup

豌豆汤 pea soup

豌豆泥汤 mashed pea soup

清汤肉饼 consomme with meat pie

面球汤 dumplings soup

通心粉汤 soup with macaroni

通心粉清汤 consomme with macaroni

番茄通心粉汤 tomato soup with macaroni

清汤卧果 consomme with poached eggs

常见西餐名称（三）

1. 鱼虾（fish and prawn）

炸鳜鱼 fried mandarin fish

土豆炸鳜鱼 fried mandarin fish with potatoes

番茄汁炸鱼 fried fish with tomato sauce

奶油汁炸鱼 fried fish with cream sauce

鞑靼式炸鱼 fried fish with Tartar sauce

鞑靼汁炸鱼 fried fish with Tartar sauce

清煎鲤鱼 fried carp

火腿汁煎鱼 fried fish with ham sauce

俄式煎鱼 fish a la Russia

罐焖鱼 fish a la Duchesse

罐焖鳜鱼 mandarin fish a la Duchesse

火锅鱼片 fish podjarka

火锅鱼虾 fish and prawns podjarka

火锅大虾 prawns podjarka

炭烧鱼串 fish shashlik

炭烧鱼段 fish chips shashlik

铁扒鳜鱼 grilled mandarin fish

铁扒比目鱼 grilled turbot

奶油汁烤鱼 baked fish with cream sauce

鱼排 fish steak

奶油口蘑烤鳜鱼 mandarin fish au gratin

奶酪口蘑烤鱼虾 fish and prawns au gratin

白汁蒸鱼 steamed fish with white

白酒汁蒸鱼 steamed fish with white wine

红酒蒸鱼 steamed fish with red wine

番茄汁蒸鱼 steamed fish tomato sauce

柠檬汁蒸鱼 steamed fish with lemon sauce

鸡蛋汁蒸鱼 steamed fish with egg sauce

口蘑汁蒸鱼 steamed fish with mushroom sauce

红汁蘑菇蒸鱼 steamed fish with mushrooms and brown sauce

番茄汁蘑菇蒸鱼 steamed fish with mushrooms and tomato sauce

波兰式蒸鱼 steamed fish a la Poland

土豆煮鱼 boiled fish with potatoes

黄油汁土豆煮鱼 boiled fish and potato with butter sauce

炸大虾 fried prawns

炸明虾 fried prawns

软煎大虾 soft-fried prawns

黄油汁煎大虾 fried prawns with butter sauce

罐焖大虾 prawns a la Duchesse

奶酪口蘑烤大虾 prawns au gratin

火腿奶酪炸大虾 fried prawns with ham and cheese

铁扒大虾 grilled prawns

大虾蛋奶酥 prawn souffle

2. 素菜（vegetable dish）

奶酪口蘑烤蔬菜 vegetables au gratin

黄油菜花 cauliflower with butter

黄油杂拌蔬菜 mixed vegetables with butter

菠菜卧果 spinach with poached egg

奶油汁烤口蘑 baked mushrooms with cream sauce

黄油炒口蘑 fried mushrooms with butter

黄油炒菠菜 fried spinach with butter

黄油炒豌豆 fried peas with butter

黄油炒青豆 fried green peas with butter

炒茄泥 fried mashed egg plants

炸茄子片 fried egg – plant slices

炸番茄 fried tomato

清煎土豆饼 fried potato cake

酿馅西葫芦 stuffed bottle gourd

焖洋白菜卷 braised cabbage rolls

家常焖洋白菜卷 braised cabbage rolls

烩茄子 stewed egg plants

奶油汁烩豌豆 stewed peas with cream sauce

扁豆炒蛋 omelette/omelet with green beans

咖喱素菜 curry vegetables

3. 鸡鸭 （chicken and duck）

烤鸡 roast chicken

烤油鸡 roast chicken

素菜烤鸡 roast chicken with vegetables

棒棒鸡 bon bon chicken

煎鸡 fried chicken

炸笋鸡 fried spring chicken

炸鸡 deep – fried chicken

炸鸡肉串 fried chicken shashlik

鸡肝串 chicken liver shashlik

通心粉煮鸡 boiled chicken with macaroni

奶汁煮鸡 boiled chicken with cream sauce

铁扒笋鸡 grilled spring chicken

焖鸡 braised chicken

家常焖鸡 braised chicken in home style

黄油焖鸡 braised chicken with butter

黄油焖笋鸡 braised spring chicken with butter

黄油焖鸡腿 braised chicken legs with butter

红焖鸡块 braised chicken chips

火锅鸡 podjarka chicken

罐焖鸡 chicken a la Duchesse

罐焖笋鸡 spring chicken a la Duchesse

高加索焖鸡 chicken a la Caucasus

比利时烩鸡 Belgian stewed chicken

奶油烩鸡片 stewed chicken slices with cream

米饭烩鸡鸭 stewed chicken and duck with rice

奶油烩鸡饭 stewed chicken and rice with cream

咖喱鸡饭 curry chicken with rice

细面条白汁鸡腿 chicken legs with spaghetti

鸡肉蛋奶酥 chicken souffle

烤鸭 roast duck

酸菜烤鸭 roast duck with sour cabbage

罐焖鸭 duck a la Duchesse

黄油汁煎鸭肝 fried duck liver with butter sauce

烤野鸭 roast wild duck

酸菜烤野鸭 roast wild duck with sour cabbage

蔬菜烤鸡鸭 roast chicken and duck with vegetables

常见西餐名称（四）

1. 野味（game）

黄油焖鸽子 braised pigcon with butter, braised dove with butter

苹果汁烤火鸡 roast turkey with apple sauce

咸肉焖山猫 braised hare with bacon

奶油焖山猫 braised hare with cream

山鸡串 pheasant shashlik

酸菜烤野鹅 roast wild goose with sour cabbage

烤仙鹤 roast crane

焖沙鸡 braised partridge

焖山鹑 braised partridge

2. 肉（meat）

红焖里脊 braised fillet

铁扒里脊 grilled fillet

炸里脊片 fried fillet slices

洋葱软炸里脊片 soft fried fillet slices with onion

红酒里脊 fillet with red wine

罐焖里脊 fillet a la Duchesse

里脊串 fillet shashlik

火锅里脊 fillet podjarka

里脊扒 fillet steak

鸡蛋里脊扒 fillet steak with egg

口蘑汁里脊扒 fillet steak with mushroom sauce

奶油口蘑里脊丝 fillet a la Stroganoff

咖喱里脊丝 curry shredded fillet

总会牛排 club steak

牛肉扒 beef steak

牛肉扒托蛋 beef steak with egg

鸡蛋牛肉扒 beef steak with egg

葱头牛肉扒 beef steak with onion

蔬菜牛肉扒 beef steak with vegetables

汉堡牛排 Hamburg steak，hamburger

德式牛肉扒 Hamburg steak，hamburger

德式鸡蛋牛肉扒 Hamburg steak with egg

法式牛肉扒 French steak

罗马尼亚式牛肉扒 Rum steak

奶油口蘑牛肉丝 beef a la Stroganoff

番茄汁奶油口蘑牛肉丝 beef a la Stroganoff with tomato sauce

什锦汁牛肉丸子 beef balls with mixed sauce

牛肉丸子饭 beef balls with rice

咖喱牛肉 curry beef

咖喱牛肉饭 curry beef with rice

蔬菜烤牛肉 roast beef with vegetables

铁扒牛肉片 grilled beef slices

面条烩牛肉 stewed beef with noodles

焖牛肉 braised beef

家常焖牛肉 braised beef in home style

犹太式焖牛肉 braised beef in Jewish style

洋葱焖牛肉 braised beef with onions

通心粉红焖牛肉 braised beef with macaroni

细面条红焖牛肉 braised beef with spaghetti

红焖牛肉卷饭 braised beef rolls with rice

焖小牛胸口 braised veal breast

酿馅小牛胸口 stuffed veal breast

土豆泥软煎小牛胸口 soft fried veal breast with mashed potatoes

炸小牛肉片 fried veal slices

土豆泥煎小牛排 fried veal chop with mashed potato

煎小牛肝 fried veal liver

小牛肉串 veal shashlik

炸牛腰子 fried ox kidney

炸牛脑 fried ox brain

蔬菜炸牛脑 fried ox brain with vegetables

炸牛舌 fried ox tongue

焖牛舌 braised ox tongue

家常焖牛舌 braised ox tongue in home style

罐焖牛舌 ox tongue a la Duchesse

土豆烧牛肉 goulash

黄油焖羊肉 braised mutton with butter

奶油烩羊肉片米饭 stewed mutton slices in cream with rice

蔬菜炸羊排 fried mutton chop with vegetables

炸羔羊腿 fried lamb leg

烤羔羊腿 roast lamb leg

黄油焖羔羊腰子 braised lamb kidney with butter

羊肉串 mutton shashlik

羔羊肉串 lamb shashlik

清煎猪排 natural fried pork chop

炸猪排 fried pork chop

什锦汁煎猪肉 fried pork with mixed sauce

洋葱汁煎猪肉 fried pork slices with onion sauce

奶油洋葱汁煎猪肉片 fried pork slices with cream and onion sauce

干葱头煎猪肝 fried pork liver with dry onion

烤猪肉 roast pork

酸菜烤猪肉 roast pork with sour cabbage

酸菜烤猪排 roast pork chop with sour cabbage

白豆焖猪排 braised pork chop with white beans

黄油焖猪里脊 braised pork fillet with butter

奶油烩猪肉片 stewed pork slices with cream

火锅猪肉片 pork podjarka

火锅猪排 pork chop podjarka

法式猪排 pork chop a la France

猪里脊串 pork fillet shashlik

罐焖猪肉 pork a la Duchesse

奶油烩杂拌肉 stewed mixed meat with cream

奶油烩香肠 stewed sausage with cream

烩丸子 stewed meat balls

肉丸子米饭 meat balls with rice

奶酪口蘑烤杂拌肉 mixed meat au gratin

烤叉烧 barbecued pork

常见西餐名称（五）

1. 通心粉（macaroni）

通心粉 macaroni

肉丝炒通心粉 fried macaroni with shredded meat

番茄汁炒通心粉 fried macaroni with tomato sauce

黄油炒通心粉 fried macaroni with butter

鸡肉火腿炒通心粉 fried macaroni with chicken and ham

肉汁炒通心粉 fried macaroni with meat sauce

大虾鸡蛋炒通心粉 fried macaroni with prawns and eggs

奶酪口蘑烤通心粉 macaroni au gratin

奶酪烤通心粉 baked macaroni with cheese

肉丝番茄烤通心粉 baked macaroni with shredded meat and tomato

细通心粉 spaghetti

意式面条 spaghetti

鸡肉火腿炒面 fried spaghetti with chicken and ham

鸡丝番茄炒面 fried spaghetti with shredded chicken and tomato

大虾肉炒面 fried spaghetti with prawn and meat

大虾番茄炒面 fried noodles with prawn and tomato

大虾番茄烤面条 baked noodles with prawn and tomato

2. 粥（porridge）

牛奶大米粥 rice porridge with milk

麦片粥 oatmeal porridge

3. 炒饭（fried rice）

炒饭 fried rice

肉末炒饭 fried rice with minced meat

什锦炒饭 fried rice with mixed meat

番茄鸡丁炒饭 fried rice with tomato and chicken cubes

鸡蛋炒饭 fried rice with eggs

鱼丁炒饭 fried rice with chopped fish

大虾炒饭 fried rice with prawns

黄油炒饭 fried rice with butter

4. 面包（bread）

面包 bread

面包干 rusk

磨牙面包干 teething rusk

面包屑 bread crumbs, crumbs

面包渣儿 bread crumbs, crumbs

新烤的面包 freshly baked bread

不新鲜的面包 stale bread

陈面包 stale bread

未烤透的面包 soggy bread

受潮的面包 soggy bread

水泡的面包 soggy bread

佐餐面包 loaf

面包片 sliced bread，slice of bread

一片面包 a slice of bread

烤面包片 toast

奶酪烤面包片 cheese toast

无黄油烤面包片 dry toast

抹黄油的面包 bread and butter

面包抹黄油 bread and butter

黄油面包 butter bread

无黄油面包 dry bread

白面包 white bread

黑面包 black bread，brown bread，rye bread

裸麦面包 rye bread

粗裸麦面包 pumpernickel bread

自然发酵面包 self-rising bread

死面面包 unleavened bread

姜饼 ginger bread

法式面包 French bread

小圆面包 bun

小甜面包 bun

奶油面包 cream bun

果酱面包 jam bun

红肠面包 hot dog

热狗 hot dog

面包卷 roll

奶酪面包卷 cheese roll

咖啡面包卷 coffee roll

羊角面包 crescent-shaped roll，crescent，croissant

牛角面包 crescent-shaped roll，crescent，croissant

新月形面包 crescent-shaped roll，crescent，croissant

短棍面包 baton

棒状面包卷 baton roll

法式小面包 French roll
油炸面包丁 croutons
三明治 sandwich
火腿三明治 ham sandwich
香肠三明治 sausage sandwich
杂肉三明治 mixed meat sandwich
鸡肉三明治 chicken sandwich
总会三明治 club sandwich
奶酪三明治 cheese sandwich
炒蛋三明治 omelette/omelet sandwich

常见西餐名称（六）

1. 馅饼（pie）
馅饼、饼、排、派 pie
小馅饼 patty
肉馅饼 meat pie，patty
牛肉馅饼 hamburger patty，hamburger
汉堡包 hamburger patty，hamburger
薄荷糕 pepper mint patty
苹果饼 apple pie，apple tart
苹果排 apple pie，apple tart
苹果馅饼 apple pie，apple tart
水果馅饼 fruit pie，fruit flan
果馅饼 tart，flan
巧克力馅饼 chocolate pie
巧克力饼 chocolate pie
巧克力排 chocolate pie
柠檬饼 lemon pie
柠檬排 lemon pie
香蕉饼 banana pie
香蕉排 banana pie
奶昔饼 milk curd pie
奶昔排 milk curd pie
法式甜馅饼 French pastry
2. 肉饼（cutlet）
牛肉饼 minced beef cutlet
清煎小牛肉饼 natural fried veal cutlet
蔬菜猪肉饼 minced pork cutlet with vegetables

土豆泥拌肉饼 minced meat cutlet with mashed potatoes

葱头肉饼 meat cutlet with onion

奶酪口蘑烤鸡排 chicken cutlet au gratin

炸鸡排 fried chicken cutlet

炸鸡肉饼 fried minced chicken cutlet

蔬菜鸡肉饼 chicken cutlet with vegetables

土豆泥清煎鸡肉饼 fried chicken cutlet with mashed potatoes

炸鱼肉饼 fried fish cutlet

炸鱼虾饼 fried fish and prawn cutlet

土豆泥煎鱼饼 fried fish cutlet with mashed potatoes

鲜豌豆饼 fresh pea cutlet

3. 饼卷 (pancake roll)

肉馅煎饼卷 fried pancake roll with meat filling

炸口蘑鸡卷 fried chicken roll with mushrooms

炸奶酪鸡卷 fried chicken roll with cheese

炸龙虾鸡肝卷 fried lobster roll with chicken liver

炸奶酪虾卷 fried prawn roll with cheese

炸口蘑虾卷 fried prawn roll with mushrooms

炸鸭肝馅虾卷 fried prawn roll with duck liver filling

炸枣咸肉卷 fried bacon roll with dates

烤火腿鸭卷 roast duck roll with ham

香肠肉卷 sausage roll

奶油卷 cream roll

鸡蛋卷 crispy egg roll, egg roll

蛋卷 egg roll

果酱鸡蛋卷 egg roll with jam

4. 布丁 (pudding)

布丁 pudding

葡萄干布丁 raisin pudding

牛奶布丁 milk pudding

黄油布丁 butter pudding

面包布丁 bread pudding

水果面包布丁 fruit and bread pudding

大米布丁 rice pudding

奶蛋饼布丁 custard pudding

煎白兰地布丁 fried brandy pudding

5. 饭后甜食 (dessert)

饭后甜食 dessert

甜食 dessert

甜点心 dessert

炸果饼 fritter

炸苹果饼 apple fritter

蛋奶酥 souffle

苹果蛋奶酥 apple souffle

奶酪蛋奶酥 cheese souffle

水果冻 fruit jelly

果冻 fruit jelly

菠萝冻 pineapple jelly

巧克力冻 chocolate jelly

奶油可可冻 chocolate jelly

松糕 trifle

松饼 puff pastry

可可松饼 cocoa puff

奶油松饼 cream puff

奶蛋饼 custard

烩蜜桃 stewed peach

烩杏 stewed apricot

烩梨 stewed pear

烩蜜枣 stewed dates

鲜水果沙拉 fresh fruit salad

蜜桃沙拉 peach salad

菠萝沙拉 pineapple salad

橘子沙拉 orange salad

七、西餐常用英语句子精选

（1）Sit down, please. Here is the menu. May I take your order, sir? 请坐，给您菜单。先生，您要点菜吗？

（2）What would you like to have coffee or tea? 您要喝咖啡还是茶？

（3）Would you like to have some wine with your dinner? 您用餐时要喝点酒吗？

（4）It's our chef's recommendation. 这是我们大厨的拿手菜。

（5）Here is the bill. Please sign it. 这是您的账单。请签字。

（6）What kind of food would you like to have? 您想吃什么菜？

（7）You may sign the bill. The hotel will charge you when you leave. 您可以签账单。离店时会给您结账。

（8）It never goes to the head. （不管喝多少）它也不冲脑。

（9）Have you anything in mind as to（decided）what to drink? 您决定了喝什么吗?

（10）We look forward to having with us tonight. 我们期待您今晚大驾光临。

（11）I'm sorry，but I didn't quite catch what you just said. 对不起，我没有听明白您刚才的话。

（12）I beg your pardon? /Pardon? 对不起，请再说一遍。

（13）Sorry, sir，but I don't understand what you mean. 很抱歉，先生，我没有听懂您的意思。

（14）Pardon，madam. I am afraid I didn't follow you. 对不起，太太，我没有听明白。

（15）What was that? 你说什么?（此话比较随便，也要用升调）

（16）Sorry, but could you say it again? 对不起，您能再说一遍吗?

（17）Would you mind repeating, please? 请再说一遍，好吗?

（18）Could you please repeat a little more slowly? 您能再慢点儿说一遍吗?

（19）It's delicious and worth a try. 它鲜美可口，值得一试。

（20）Many guests give high comments on the wine. 许多宾客对这种酒赞赏备至。

（21）I suggest that you have a taste of Sichuan dishes. 我建议你们尝尝四川菜。

（22）Try the green crab if you don't mind. 如果您不介意的话，不妨尝一下这种青蟹。

（23）Please feel free to contact us if you have any questions. 如果你有什么问题，请随即和我们联系。

（24）You'll regret if you don't have a try. 如果您不尝一下，您准会后悔的。

（25）I'm sorry to have kept you waiting. 很抱歉，让您久等了。

（26）I'm really sorry, but I seem to have misserved a dish. 真对不起，我好像上错了一个菜。

（27）I do apologize for giving you the wrong soup. 我上错了汤，真抱歉。

（28）I want to apologize. Is there anything I could do? 我该道歉，我能想点办法吗?

（29）Bottoms up! 干杯!

（30）It is a must for every birthday dinner. 这对每个生日庆宴都是必不可少的。

（31）The Great Wall is a must for every foreign tourist. 长城是每位外国游客必去之处。

（32）I wish you good health. 祝您健康。

（33）Let me wish you every success. 祝您一切顺利。

（34）I hope you'll have a good time. 祝您玩得痛快。

（35）Bon voyage! 一路顺风。

（36）On consumption to master account. 根据实际消费由主人包付。

（37）Open bar on a fixed price. 在预先定时定价范围内，酒会让客人随便享用。

（38）Cash on delivery（C. O. D.）来客自付饮料费。

（39）How do you like the fish cooked this way? 您觉得鱼这样烧怎么样?

（40）What do you think of Chinese food? 您认为中国菜怎么样?

（41）Do you think the soup is tasty? 您认为这个汤可口吗?

（42）Do you think the price is reasonable? 您认为这个价格公道吗?

（43）What's your opinion of their service? 您对他们的服务有什么意见吗？

（44）I suggest we（should）go to a Chinese restaurant for a change. 我建议到中国餐馆去换换口味。（should 可以省略）

（45）Would you like to have some wine with your dinner? 你们用餐时想喝点酒吗？

（46）What would you like for dinner/dessert? 您喜欢吃什么餐/甜点？

（47）How would you like the steak/eggs? 您喜欢怎么样的牛排/鸡蛋？

（48）Would suggest Californian red wine for the beef steak. 我建议您牛排配加利福尼亚红酒。

（49）What about American breakfast? 吃美式早餐好吗？

第五节　西式宴请菜肴与酒水推销基本知识

一、西式宴请菜肴与酒水推销概念

西式宴请菜肴与酒水推销是指在西方宴请如国宴、正式宴会、便宴、冷餐宴会、鸡尾宴、茶话会、自助餐会等，菜肴与酒水推销人员试图通过一定的方法和技巧，使顾客接受菜肴与酒水产品的行为过程。

二、西餐推销技巧

（一）餐厅服务员要针对不同用餐者的身份及用餐性质进行有重点的推销

一般来说，家庭宴席讲究实惠的同时也讲究特色，这时，服务员就应把经济实惠的大众菜和富有本店特色的菜介绍给客人。客人既能吃饱、吃好，又能品尝独特风味，达到了在大饭店就餐既排场又实惠的目的。而对于谈生意的客人，服务员则要掌握客人摆阔气、讲排场的心理，无论推销酒水、饮料、菜肴都要讲究高档，这样既显示了就餐者的身份又显示了其经济实力。同时，服务员还要为其提供热情周到的服务，使客人感到自己受到重视，在这里吃得很有面子。

（二）餐厅服务员要学会察言观色，选准推销目标

餐厅服务员在为客人服务时要留意客人的言行举止。一般外向型的客人是服务员推销产品的目标。另外，若接待有老者参加的宴席，则应考虑到老人一般很节俭，不喜欢铺张，所以不宜直接向老人进行推销，要选择健谈的客人为推销对象，并且以能够让老者听得到的声音来推销，这么一来，无论是老人还是其他客人都容易接受服务员的推销建议，有利于成功推销。

（三）餐厅服务员要灵活运用语言技巧，达到推销目的

语言是一种艺术，不同的语气、不同的表达方式会收到不同的效果。例如，服务人员

向客人推销饮料时，可以用以下几种不同的询问方式：一是问"先生，您喝饮料吗？"二是问"先生，您喝什么饮料？"三是问"先生，您喝啤酒、饮料、咖啡还是茶？"很显然第三种问法为客人提供了几种不同的选择，客人很容易在服务员的引导下选择其中一种。可见，第三种推销语言更利于成功推销。因此，运用语言技巧，可以大大提高推销效率。

三、餐厅服务员推销的语言技巧

在很多酒店都设有专职的点菜师，有了专职点菜师，顾客对酒店的菜肴就能够全面了解，餐厅新菜品的销量就能够上升，急推菜肴也能够及时销售。点菜师在为客人推销菜肴时掌握一定的语言技巧，才能达到更好的效果。下面介绍点菜时几种常用的语言推销技巧。

（一）选择问句

用选择性的推销语言询问客人，更容易使客人做出决定，如："请问您是来点啤酒还是白酒"而不能这样问："请问您要点酒吗？"

（二）借用"他人之口"技巧

你可以借用具有一定身份的消费者的话来证明和推销菜品。例如你可以这样说，"张总最喜欢吃这个菜，他说这是他最近吃到的最好的菜"，"黄经理每次都要点这个菜"，"著名美食评论家××说这道菜很精彩"。这样就会增加可信度，把菜品成功推销出去。

（三）赞语法技巧

赞语法就是在对菜肴介绍时使用赞语。

（四）亲近法技巧

这个方法多用于对熟悉客户推销。如："今天我给你介绍一个好菜，是最新推出的特色菜肴。您尝尝如何？"

（五）语言的转折法技巧

首先顺着客人的意思，然后委婉地转折，既维护客人的面子又能顺利推销产品。如："这道菜确实贵了，但是……"

最后需要提醒餐厅服务员的是，无论是菜品推销还是酒水推销，在推销的过程中都要注意"度"的把握，切忌"为了推销而推销"，一旦引起顾客的反感，不但不能推销餐厅产品，严重的还会让顾客产生负面情绪，顾客满意度下降带来的损失将会远远在推销的菜品、酒水的价格之上。

四、餐厅服务员写菜技巧

（1）归纳汇总熟客、大客的菜单，分析该客的饮食习惯及消费水平。

（2）认真观察客人来店时的动态，判断就餐性质。

（3）从顾客的车、外貌、衣着判断年龄、职业及经济条件。

（4）对于老年人，要多推荐少骨、鲜嫩、软滑和易于消化的菜品。

（5）对于经常到酒楼消费的商人，要推荐少脂肪、低胆固醇和少糖分的菜式（如鲍、参、翅、海鲜、蔬果菜及豆制品等）。

（6）对于体力劳动者，推荐味重、油大和热量高的菜式（如肉类、鸡、鸭、蛋等）。

（7）熟记本店所售菜品及饮品的特点，根据不同对象、不同场合，推销不同的菜品。

（8）不要盲目争取销售额，要记住留住常客是我们的生财之道。

（9）表现出为顾客着想的真诚态度，勿令客人有"被宰"的感觉。

（10）对于时令菜，多运用菜肴的时尚食法、典故、烹饪营养知识推销菜式，让客人觉得你专业，乐意接受你的推荐。

（11）亲手点菜的厅房（或台）要跟进上菜的速度及菜品的质量，席间适时询问客人菜式够否、有无改进意见等。

（12）不要站在任何通道边上及妨碍服务员和客人的地方点菜。

（13）注意点菜时的位置及仪态，通常站在客人的右边介绍菜式，不能坐下来给客人点菜。

（14）忌刚给客人菜牌，就开始介绍，要让客人稍看一阵后，再运用语言艺术推销你想推销的菜品。

（15）给客人推荐菜式时最好能称呼客人的姓氏加职务（忌称呼职务者除外）。

（16）如客人三心二意或拿不定主意时，要运用语言技巧让客人尽快拿定主意。如："陈总，您喜欢清淡一点的就点'木瓜炖鱼翅'，浓郁一点的就点'红烧大鲍翅'，或是'西兰花炒花枝片'和'西芹炒带子'，您喜欢哪一道菜呢？"

（17）如客人点菜太多或太少，一定要提示客人，但不要勉强。

（18）如果客人人多，分量不够，需加大码、加位，一定要征求客人意见，不要自作主张。

（19）如客人问菜式好不好，一定要说"好"，不要说"一般"，并告诉对方你自己就特别喜欢这道菜。

（20）如没有原材料，不要说"没有"，要用另一种解释，可说"刚卖完了"或"这种原料今天质量不好"，然后马上推荐几个相似的菜肴供客人选择。

（21）客人提出特别要求，一定要通知厨房。

（22）给客人改变菜肴的食法、主料、辅料之前一定要知会客人，征得客人同意后方可进行。

（23）如某些菜式的烹制复杂，所需时间长，一定要在点菜时提示客人。

（24）点完菜后一定要重复菜名及分量。

（25）递菜牌时要注意先递给女士或长辈、主客，并用敬语，要做到有问必答、不厌其烦。

（26）推销时，多用些生动和吉祥的字眼，引起客人的食欲。

（27）对你特别向客人推销的食物，一定要跟足质量，保证上台时的菜式和你所介绍的一样。

（28）善于从顾客的语言判断其籍贯，一般有东酸西辣、南甜北咸的饮食习惯。

当前去为客人写菜单时，除了胆大心细、冷静外，你心中必须要有一套要向客人推介的菜式配搭，这样你方能真正起到写菜员与推介员的作用，而不是抄单员。首先是要让客人相信你，你方能推介你的产品，所以让别人信任你是走向成功的第一步！

五、西餐厅如何成功推销菜肴

1. 抓住菜肴的特点介绍

一家餐厅，其制作的菜肴有许多品种，色、香、味、形各有不同。因此，介绍菜肴时不要千篇一律地机械地列举，也不要背书式地介绍。在客人看菜单时，要抓住菜品的特点进行介绍，突出其"名气"；对于创新菜肴、系列菜肴应突出介绍其"新"在何处，新旧菜肴间的联系、口味、原料、制法、价格等独到之处。语言要抓住中心，有针对性，使食客觉得耳目一新，食欲大增。

2. 抓住菜肴发展状况介绍

任何菜肴在流行过程中，都要经过二个阶段，即试销期、热销期、保誉期。不同时期介绍菜肴的语言有很大差别。如一种新菜肴的出现，像"私房菜"、"农家菜肴"、"新潮菜肴"、"西餐"等，对它的介绍应突出其特色，包括来源、用料、制法、特点及影响力等方面，言简意赅，抓住要点，使食客在短时间内对此有所了解，并产生浓厚的兴趣。当某一种菜肴处于热销期时，则不必做详细的介绍，因为顾客有口皆碑，众所周知，食客自会迅速做出品尝的决定。对于保誉期的菜肴，应介绍其质量稳定，使顾客产生信任感，达到推销目的。

3. 根据食客的消费心理来介绍

一般食客在就餐时，可分为几种情况：一是追求物美价廉，以家常菜为主。在这种情况下，就以介绍寻常风味菜、中低档的大众化菜肴为好。二是朋友相聚、家人团圆、生日祝愿，以及商务活动的宴请等，应以介绍宴会菜、组合菜、系列菜等为主，特别要着重介绍本酒店的特色菜。三是宣传新菜，如本店出现特色菜，不少食客闻名而来。介绍这些菜肴，要抓住客人的心理，介绍其用料、流行趋势、吃法、盛器等，以加深印象。老年人追求营养、健身、易消化、口味清淡，而年轻人推崇时尚菜肴，爱吃新潮风味菜等。分清对象予以介绍菜肴，才能打动食客，达到推销的目的。

（注：其他相关的推销知识可参考学习情境一"中国传统节日菜肴与酒水推销服务"。）

第六节　西式餐饮推销案例

案例一 ▶▶

　　海顿夫妇是从美国来的旅客，这天晚上，他们在水城威尼斯一家饭店的餐厅用餐。餐厅内环境优美、宾客满堂，侍者们手持托盘，穿梭在餐桌之间。当海顿夫妇进入餐厅后，领位员把他们领到了一个靠窗的餐桌前，看着窗外的夜景，他们顿感心旷神怡。一位女侍者适时地出现在他们面前，恭敬地递上菜单，并面带微笑静候他们点菜。海顿先生接过菜单仔细看了一遍后，仍不知选什么菜。他笑着摇了摇头，请侍者为他点菜："请你为我们点一些好一点儿的风味菜。我们很喜欢吃海鲜。"侍者似乎没有听清楚，但是听懂了"海鲜"的意思。他用蹩脚的英语对海顿先生讲："先生，我们这里有很多海鲜菜，价钱不同，很难说哪些符合您的口味，还是请您从菜单里选择吧。"海顿先生听后有些失望，只得凭印象点了几样海鲜和"红烩小牛肉"。当侍者递上酒单请客人点酒水时，海顿先生又请她帮助推荐一下，并告诉她，想要开胃酒和白兰地。侍者这下高兴起来，忙向他们推荐了许多种意大利的本地酒。海顿先生问有没有其他国家的酒。侍者告诉他，这家饭店的意大利酒是非常著名的，不品尝一下是很可惜的。海顿先生在侍者的极力推荐下，要了两种意大利的酒。由于不会点菜、点酒，海顿先生只好凭着感觉来品尝端上桌的食品，不过味道还是相当不错的。海顿先生开玩笑地对夫人说："我点的意大利菜到底还是强于'比萨饼'和'通心面'吧？"当侍者把账单交给海顿先生时，海顿先生不觉吃了一惊，餐费竟高达300多美元，其中酒水就占了200美元。海顿不满意地问："这里的酒水怎么这样贵？白兰地的价格比法国的干邑还高许多呢！"侍者听懂后说："我们的酒酿造的时间长，非常著名。""那你也要在推荐时讲清楚酒的年代、历史和价格呀！要知道如此的话，还不如要一些法国的干邑呢。"海顿先生很不高兴，付过账后和夫人悻悻而去。

【评析】

　　餐饮的推销服务既要有熟练的推销技巧，又要注重推销的力度。本例中的侍者在这两方面都出现了差错。首先，在客人需要她帮助点菜时，她不能用英语熟练地介绍、推荐餐厅的风味菜和海鲜，而是让客人自己点菜，表现出推销技术上的差距。如果她能够在宾客主动要求帮助点菜的时候，熟练地介绍本餐厅的特色产品，因势利导地推销名贵的菜肴，就会达到既让宾客满意，又让餐厅获利的目的。其次，在客人请她帮助点酒时，她不能掌握推销的力度。在推销高档名酒时，她没有向宾客讲明酒的详细情况和价格，采取了单一推销的方法，使客人没有选择的余地，结果因推销力度太大，使客人产生了上当受骗的感觉。星级饭店的餐饮推销服务要讲究分寸，把握机会，推销过了头，会使客人反感，容易出现"一锤子"买卖的结果，使饭店失去信誉。

案例二 ▶▶

　　时值隆冬，室外寒风凛冽，几位日本客人来到北京某星级饭店的西餐厅用餐。领位员将客人带到一张餐桌前，请他们入座。谁知他们却不肯坐下，一位客人边说边用手指了指桌子和墙，并示意同伴离开。领位员忙请一位懂日语的服务员来帮忙，经询问才知道，原来客人忌讳餐桌上的梅花花瓶、9 号餐桌牌和墙上的荷花图。搞清楚客人的忌讳后，领位员忙向他们道歉，并将客人带到另一个有屏风遮挡的餐桌前，花瓶里的花也换上了玫瑰，客人们立即面带喜色，高兴地入座了。端上茶水和手巾后，菜肴推销服务员开始请客人点菜，由于语言不通，无法向客人解释，只是凭他们在菜单上的指点和手势点了几道菜。服务员还用手点了肥肠和扣肉等当天的厨师推荐菜，客人对她推荐的菜不置可否，意思可能是说，随她处理。上菜后，客人们对小姐推荐的菜不动筷子。一位客人在尝了一口"干煸牛肉"后眼泪都辣了出来，非常生气地用日语对服务员叫嚷。服务员听懂他的意思，又去把那位懂日语的同事请来圆场。"我们根本就没有要这位小姐点的'内脏'和'肥肉'（指肥肠和扣肉），是她为我们推荐的。牛肉又放了这么多辣椒，根本不符合我们的口味。我们不信中国人能吃这满满一盘辣椒，要不请那位小姐为我们表演一下。"这位客人毫不客气地对懂日语的服务员讲。当服务员搞清客人的意思后，忙向他们表示歉意，并请同事告诉他们，点错的菜可以退掉，改换一些可口的菜，损失由她来负责。"我们可以再点一些菜，但我要亲眼看着她吃掉这盘辣椒，否则她就是故意戏弄我们。"那位客人仍在坚持。"先生，我们的服务员不了解贵方的饮食习惯，做出了失礼的事，请多多谅解。不合各位口味的菜可以统统退掉。至于吃辣椒嘛，还是免了吧。贵方很喜欢吃生鱼片，我国南方一些地方的人则喜欢吃辣椒，不过到饭店吃饭只是为了品尝不同的风味，不一定把所有的菜都吃掉。况且我们的饭店工作人员是不允许在客人面前吃东西的。"餐厅经理走过来通过懂日语的服务员向客人耐心地解释。"不行，我就是要看谁能吃下这盘辣椒，是不是故意给我难堪?"这位客人固执地说。"这个日本人欺人太甚，让老子给你表演表演。"一位食客打抱不平地站在日本人面前，要了一双筷子，端过"干煸牛肉"便吃了起来，他专捡盘子里的尖椒吃，不一会儿就把所有的辣椒都吃光了，惊得在场的人无不目瞪口呆。"老子还没吃够呢，真是少见多怪。"说完他转身就走了，服务员向他投去感激的目光。"好的，我很佩服。这些菜都不用退了，我们再要一些四川风味的菜，但还是不能太辣。"那位日本客人终于让了步。

【评析】

推销服务人员不了解客人的忌讳和用餐习惯是引发突发事件的一个起因，容易引起宾客的误会和不满。案例中的服务员就是因为不了解日本人的忌讳和饮食习惯，又没有及时与懂日语的同事调换服务的位置，从而得罪了客人，造成了被动局面。要不是见义勇为的食客出手，这种尴尬的局面还真不好处理。因此，作为一个全面的服务员应该了解国内外主要客源市场的语言、忌讳和饮食习惯。

日本人忌讳荷花和梅花图案，喜欢玫瑰和菊花，而法国人则认为菊花会带来晦气。中国人认为数字 9 是吉祥的数，而日本人却忌讳这个数。日本人不喜欢吃牛肉、动物内脏和太辣的食品，而中国南方某些地方的人却和他们大相径庭。服务员应不断熟悉和掌握这些方面的文化知识，以便针对不同宾客的风俗、习惯、口味和要求提供服务，在不了解客人忌讳时不要主动推销产品，以免弄巧成拙，处于被动局面。

【案例三】

　　一次，在我国南方的一家高级宾馆里，来了一位衣着讲究、带着金丝眼镜的新加坡客人。此人 50 多岁，一进宾馆便径直走进了餐厅。推销服务员热情地为他领位、点酒、点菜，服务得十分周到。只见他喝着 XO 高级酒，品尝着面前的美味佳肴，显得非常快乐。不一会儿，酒已经喝了半瓶，客人的脸色变得越来越红。当服务员再次为他斟酒时，他突然用手抓住了服务员的手腕，醉眼蒙眬地对她说："小姐，你们这里的服务很好，小姐们长得更好，真是美妙得很啊！"服务员被客人突如其来的举动吓了一跳，不禁将酒洒落在台布上，心里怦怦直跳。"对不起，先生。我把您的酒倒到台布上了。"服务员巧妙地挣脱了客人的手，忙用手巾擦了擦台巾。"没关系，这不怪你。"客人目不转睛地盯着服务员。"先生，谢谢您对我们的夸奖，如果没有其他的事，我一会儿再来。"服务员说着就想脱身离开。"等一等，我还有一个要求，请您坐下陪我喝一杯酒好不好？我会加倍付钱的。"客人醉态浓浓地从西服口袋的皮夹里抽出了一沓厚厚的钞票。"先生，实在对不起，这个要求我满足不了您。我们在工作期间是不允许陪客人喝酒的。"服务员面带微笑答复着客人。"那就等你下班后，我请你到外面去喝酒。我一定会等你的。"客人继续发动攻势。"那要看我的先生同意不同意，如果他同意了，我们三个人可以一起去喝酒。您知道，我下班后总是要先回家的。"没有结婚的服务员机智地作答。"看来这个要求又要落空了。"客人皱了皱眉头，自言自语地说着。"小姐，您敢不敢让我吻一下，如果敢，桌上的钞票都是你的。"客人此时失态得厉害。"当然可以，吻手礼是西方一种很文明的礼节，表示人们对女士的尊重，您这样尊重我们女士，实在让人敬佩。"服务员落落大方地伸出了手。客人被服务员的正派气度征服了，他很恭敬地吻了服务小姐的手后，把桌上的钱递给服务员，并让她一定收下。服务员礼貌地推让回去，并要离去。"黄先生，原来是您啊！欢迎，欢迎。您的眼光真厉害，一眼就看上我们餐厅最漂亮的服务小姐了。"正当他们推让之时，餐厅经理闻讯赶来，一看，原来是熟客黄先生。此君是新加坡一家大公司的董事长，一贯为人正派，是这家宾馆的常客，今天却喝多了酒，一反常态地"泡起妞"来。见到餐厅经理，黄先生感到有些无地自容，忙说："今天喝多了，该死！该死！"说完马上结账离开了。

【评析】

　　在对待宾客醉酒后寻事、打斗、调戏女服务员等事件时，应保持一种理性和平稳的心态，不能用衡量正常人的标准去看待这些客人，尽量避免采取硬性的处理方法。此时的客人一般处在头脑失控的状态，如果采取正常的处理手段，往往不会取得令人满意的效果，有时还会加剧矛盾的程度。例如本案中的女服务员，如果在客人抓住她手腕时大喊大叫或请保安人员将客人赶出餐厅等，均不是最佳的方法，反而会影响其他宾客的用餐。

　　对待这些客人，应心平气和地采用软性的处理方法。这一点，案例中的服务员为我们作出了榜样。她的软性方法体现为，用正派的气度、温和的微笑、符合逻辑的语言、礼貌大方的举止和巧妙的推诿唤起失态客人的清醒，使其尽快地恢复常态。这种赋有艺术色彩的处理手段，是在充分理解和分析宾客心态变化的基础上创造出来的，从而充分体现出了这位推销服务员个性服务的高超技巧。

第七节　西式宴请餐饮促销方案和案例

一、西餐营销策划方案、促销模式的选择

（一）西餐促销的一个宗旨：永远比别人多走一步

有什么事情是别人可以做到我也可以做到的——这是基础，你做到这点，并不能一定成功，因为别人也可以做到这点。所以，有什么事情是别人做不到我可以做到的——这才是优势，这才是应该去考虑的！别人的促销能做到的，你做到了没有什么，你要考虑的是有什么是他们做不到而你可以做到的！这样你的酒菜肯定比别人卖得快！

（二）西餐促销的两个坚持

1. 坚持你的服务不贬值

我们在酒店里经常会遇到这样一种客户，可能你费尽心思也无法让客人买我们的酒，面对这种情况，怎么处理呢？差劲一点的服务员马上变脸，收起微笑，转身就走；好一点的虽然保持着微笑，但是举动、神情的变化让客人明显感觉没有刚才热情了，客人会这么想："哼！目的还不就是让我喝你们的酒，结果一说不喝就这样了，算了，这个酒以后尽量不喝。"这个就叫做服务贬值，没有达到目的，促销的服务马上就贬值了，想想你是哪一种服务员？如果都不是，恭喜你！

2. 坚持每天记录工作日志

曾经有个曾先生，学的是汽车专业，结果毕业时工作比较难找，就转行开始做广告。刚开始的时候，他对广告一窍不通，只是比较感兴趣，因为是新手，培养起来非常困难，开始公司没有人愿意培养他。后来他自己就跟着别人跑业务，今天他们用了什么方法让客户签约了，给陌生客户打电话时有什么好的说辞，他都记了下来，后来他的业务量快速增长，比那些老员工还要厉害。结果4个月后他就成为大峡谷广告公司的三大业务高手之一。这是什么原因呢？如果他没有每天总结记笔记的习惯，你说他可能在这么短的时间内成为业务高手吗？所以说，记笔记这个习惯太重要了，就这么一件小事情，往往就决定了人和人之间的差别。

你今天看到竞争对手的促销把你的客户抢去了，生气是没有用的，你要想，他为什么会成功，一定有他的道理，如果你抱着这样的态度去学习、记笔记、去思考，用不了多久，你可能就会超过他了！

（三）酒店促销的三个要素

1. 表情要面带微笑，热情要能打动人

微笑的力量确实很大，真诚的微笑需要训练，每天对着镜子练习，想着开心的事情，不出一个月，你的脸上就可以形成习惯性的微笑。

我们发现许多酒的促销在终端时的表现，在一定程度上影响了品牌的形象。所以在面对客人之前，先让你的脸上挂满微笑的表情，给你的动作注入热情的动力，这样你才能给客人留下难以忘怀的印象。

2. 要善于察言观色

比如你看到三个人进来了，一男一女外加一个小孩，你要善于察言观色，确定他们的关系。如果是家庭组合，你的重点暂时不要锁定他们，可以先忙你的，等回头有时间了再过去给他们介绍，但是介绍时要注意方式和措辞，因为他太太肯定不高兴自己丈夫喝酒，就算她肯让自己丈夫喝，一般选择的酒价位都不会很高，所以你可以先给他介绍你们酒的文化和工艺等，这次先给他灌输，等他下次和朋友来的时候，你的机会就来了！

还有另外一种情况，若是一男一女，你要能观察出他们的关系，到底是夫妻、男女朋友，还是工作关系，视不同关系而推荐不同类型的菜品和不同价位的酒水。

3. 要善于沟通

不要轻易对客人说"不"，一个"不"字，说起来容易，但可能会错失许多客人。一般在沟通的过程中，客人会提出一些无理的要求，这个时候你需要不卑不亢地向客人解释，通过你的举动和谈吐，让他们取消不合理要求，但同时，还要给他们台阶下，这就要看个人的智慧了，一般采取幽默的谈话氛围比较容易解决沟通中出现的问题。

（四）西餐促销策略

西餐的促销通常包括广告策略、公关策略、推销策略等。咖啡厅和西餐厅通过举办各种美食节、利用店内外的广告宣传、营造餐厅内外的氛围、培训职工的推销技巧、采用优惠的价格及赠送适当的礼品等方法，都能非常有效地进行促销。

（1）广告策略。餐厅的招牌、橱窗的菜肴照片和说明、快餐厅墙上和一般餐厅餐桌上的菜单、信函广告、广告宣传单等都是很好的广告模式。但其要适用于西餐厅和咖啡厅的经营特点，以吸引流动顾客。

（2）餐厅外观策略。主要包括餐厅外观的色调、餐厅门前的绿化、餐厅门前的装饰、餐厅门前的停车场及餐厅外观的清洁卫生等几个方面。暖色调是传统西餐厅颜色。绿化、园林设施和装饰品，门口布置特色的装饰，都可吸引路过的消费者。

（3）举办营销活动促销。包括节假日营销活动、特色菜肴营销活动、特色服务营销活动、清淡菜谱实践营销活动等，如圣诞晚会、比萨饼销售周、法国烧烤月等。所有举办的营销活动都应该具备新闻性、新潮性、非日常性、简单性、视觉性和参与性，突出餐厅的装饰和菜肴特色，产生现代气息，引起人们的兴趣和注意。

（4）赠品促销。赠送礼品是最常用的促销手段。赠送的礼品可以包括餐厅的特色菜、本餐厅刚开发出来的菜肴、酒水和饮料、生日蛋糕、水果盘、精致的生日贺卡、各种玩具等。

（5）产品展示策略。将新鲜的、五颜六色的冷菜摆在自助餐台上，吸引顾客购买。有的餐厅摆放着法国、意大利等国家著名的红葡萄酒，酒柜内摆放着各种白葡萄酒。

西餐厅营销策划方案、促销模式的选择多样，常用的还有心理促销、优惠券促销、有奖促销等，不同的餐厅应根据自己的实际情况和要达到的效果选择合适的促销方式。

二、西式宴请餐饮促销案例

案例一 ▶▶ 西式酒店婚礼策划文

主题一：地中海温泉别墅婚礼——寻觅爱神的踪迹

关键词：古希腊，竖琴，爱神丘比特，双鱼，大理石阳台，许愿池。

综述：古典，又带有异国风情的场景，客人们进入别墅前都要用泡过玫瑰花瓣的清水冲脚，宴会开始后，客人们可以打着赤脚坐在温泉池边一边聊天一边喝香槟，气氛温馨又自在。

布置：

（1）场所：温泉别墅（室内＋室外）（_____人以内）。

（2）思路：

①色彩：白色，绿色，蓝色，金色，棕色。

②物件：球形花瓶，康特勒竖琴，长着双翼、手拉神弓的爱神丘比特，遥望夜空的双鱼。

（3）背景：

①室内：综合别墅的装修风格、家具色调，将婚宴现场布置成古阿拉伯的寺庙样式，给人神圣的感觉，五颜六色的阿拉伯地毯悬挂在墙壁上，角落里都是鲜花和绿色的丛木，还点缀着紫色的聚光灯。别墅的楼梯和通道两边摆放几百支蜡烛。

②室外：在桌子上空的不同高度悬挂上插满鲜花的球形花瓶，布置得犹如夏日海边凉亭；在温泉池边摆放丘比特雕塑、竖琴，温泉池内注入温泉水放满花瓣。

（4）餐台：白色或蓝色的亚麻桌布，白色马蹄莲，白色鹅卵石，白蓝相间的玻璃瓶，绿色草叶点缀其间。

（5）衣着：可穿白色或彩色亚麻服装，甚至可以赤着脚；或设计简单、活泼轻盈，简约风格的服装；新娘脚上或手掌上可绘上彩纹。

（6）音乐：The Paraguayan Harp。

餐饮：

（1）酒水：香槟，红酒。

（2）菜牌：地中海式自助。

（3）甜品：刨冰机——在正餐和甜点之后，让客人尝到凉爽而有趣的刨冰。

（4）蛋糕：

①糖质的鹅卵石、兰花和竹条装饰在蛋糕的顶部和底部。

②夏季的蛋糕，用猕猴桃、提子等青绿色水果点缀，可以为炎热的夏天带来点冰凉透彻的感觉。

③婚礼蛋糕表面装饰的浪花图案和四周散落的奶油贝壳与海星，最贴合海边婚礼的主题。

婚宴仪式程序：

（1）开场（主持人热场）。

（2）入场（音乐响起，新人从鲜花拱门入，2支礼炮）。

（3）主持人问新郎、新娘是否愿意接受对方，新郎、新娘互相说完"我愿意"之后，彼此交换戒指，接吻。

（4）家长代表发言，证婚人证言。

（5）共斟香槟塔，新人许愿，拍照留念。

（6）PARTY开始，音乐响起，在主持人带领下众宾客发出表示欢快的"噜噜"声，新郎新娘伴着音乐和"噜噜"声步入舞场，开始翩翩起舞。接着，人们相继加入。

（7）宴会开始，切婚礼蛋糕。

（8）新郎、新娘告别亲友，进入酒店别墅主人套房欢度新婚夜，亲友则可留在客房过夜。

表演：康特勒竖琴表演。

设计制作：

（1）把亲手制作的白色请柬装在一个正方形信封里，并在封口处盖上有非洲菊图案的印章。

（2）在信封上描绘出夏日迷人的日落景象，文字用杏黄色或者深红色字迹书写，并用薄纱打结装饰。

（3）把请柬放进装满沙子的小瓶中，作为"瓶中信"送到你邀请的每一位客人手中。每一份请柬信封里夹一支薰衣草，会使整个请柬变得芳香宜人。

主题二：赛维雅烛光婚礼

关键词：日落，鲜花烛台，香槟塔，鲜花拱门，蛋糕塔。

综述：

（1）整理出双方从小到大的照片，及两人交往后的照片，在婚宴时展示，让大家能陪着新人一起回味成长与交往的过程。

（2）相爱几年终成眷属，属于两人的记忆无论是苦是甜，肯定特别多。于是新娘瞒着新郎请婚庆公司的摄影师帮忙录一段"真情告白"，感谢新郎在几年中始终对自己那么宠爱，再配上几年来两人相伴成长的纪念照片，此时，苏芮那首《牵手》的乐声响起，新娘走上前，牵起新郎的手。

（3）或是找几位新娘、新郎的好友，事前录制一些祝福的影片，在喜宴中播放，让现场飘散着满满的暖意。

布置：

（1）场所：天王星赛维雅西餐厅（_____人以内）。

（2）思路：

①色彩：白色，红色，金色。

②物件：引火器。目前流行的引火器为气体引火器，引火器手柄则由白色绢花、绿叶，配以金色的丝带装饰。

（3）背景：

烛光婚礼仪式的主体烛台。

（4）餐台：

①来宾席烛台：用立式单层半球型鲜花或绢花做成的烛台，花以白色的玫瑰和百合为主，辅以绿叶，配以少量的中色调的粉红玫瑰和玉色玫瑰，置放在酒席台转台中心。

②新人主桌烛台：为了突出效果，主桌烛台应以立式双层花组成，花料的采用可与来宾席烛台相似，来宾席烛台和新人主桌烛台，中间均插一根白色或金色的蜡烛。

（5）衣着：正式晚装。

（6）音乐：用四人组合电声乐队来演奏现场音乐，效果很好；或用音响设备直接播放，选择一位十分了解婚礼程序的专业DJ，在烛光婚礼进行中，始终伴以浪漫、抒情的动人旋律来烘托。

餐饮：

（1）酒水：香槟，红酒。

（2）菜牌：意式晚餐或自助餐，或中式菜肴、西式自助的方式。

（3）甜品：蛋糕。

婚宴仪式程序：

①在婚礼中，全场灯光瞬时熄灭时，一道光柱引领新人跨入婚宴大堂。

②烛台中间由一根粗蜡烛和两边的细蜡烛组成，合称为"合一烛"。仪式中，双方父母点燃两边的细蜡烛，然后，新人再走上前去，用各自母亲点燃的细蜡烛共同点燃中间的百年好合烛，象征新人的结合将两个家庭融合到一起，将家族血脉和传统继承与发扬。

③在所有宾客的见证下，互许爱的誓言，交换戒指，接吻。

④家长代表发言，证婚人证言。

⑤共斟香槟塔。

⑥接过侍者递上的点火棒携手共同点燃每一桌来宾席的花烛，拍照留念。

⑦宴会开始，切婚礼蛋糕。

⑧新人跳第一支舞后，舞会开始。

⑨新娘抛花球，谁接到就象征她快要结婚了。

⑩新郎、新娘告别亲友，入酒店蜜月套房欢度新婚夜。

表演：小提琴演奏。

采购：投影追光灯两台，在婚礼殿堂入口处（红地毯的两边）各配一台，在烛光婚礼仪式上新人入场时启用，这时整个婚礼宴会厅灯光转暗，当新娘、新郎入场后，投影追光灯对着新人。

设计制作：请柬上要注明"请着正装出席"。

主题三：依贝莎派对婚礼——紫色的骑士爱情

关键词：白色凉亭，日落，薰衣草，香槟，葡萄酒，假面舞会。

综述：传说有一位少女，她在采花途中偶遇一位受伤的俊俏青年，并对这位青年一见倾心。少女将其留在家中疗伤。青年痊愈之日，深爱彼此的两人已无法分离。由于家人的反对，女孩准备私奔到开满玫瑰花的爱人的故乡。临行前，为检验对方的真心，女孩依村中老奶奶所说的方法，将大把的薰衣草抛向男青年，突然间紫烟升起，男青年随之不见，只留下"其实我就是你想远行的心"。不久，少女也随着紫烟消失。

布置：

（1）场所：海王星依贝莎西餐厅（室内＋室外）（＿＿＿人以内）。

（2）思路：

①色彩：蓝色、白色、紫色、金色为主题色。

②物件：骑士面罩、配剑、古堡造型、面具。

（3）背景：用紫色的绸缎装饰仪式区四周墙壁，紫丁香、薰衣草、紫色郁金香等深浅不同的紫色花卉装饰走廊及仪式区，甚至装饰每一位来宾的衣襟。

（4）餐台：餐桌上铺上紫色的丝绸，桌布上可以用爱尔兰苔藓增加一点绿色；将插满紫色郁金香、紫色丁香和薰衣草的水晶花瓶点缀其上。

（5）衣着：

①适合假面舞会的华丽晚装婚纱：具有珍珠光泽的亮缎，修身的斜裁，性感的深 V 字领或经典的无肩带设计，镶水晶的假面，水钻文身，水晶的闪亮装饰令新娘如 20 世纪 30 年代好莱坞明星般优雅迷人。

②新郎服装：黑色的晚礼服或深色西服。

（6）音乐：选择一个爵士乐队，让怀旧的爱情歌曲为婚礼增添浪漫的气息。

餐饮：

①酒水：为本次婚礼特别调制的蓝色鸡尾酒，香槟。

②菜牌：法式自助餐。

③甜品：法式甜品。

④蛋糕：蛋糕可以做成埃菲尔铁塔的形状或者紫色的三层四方形形状。

婚宴仪式程序：

（1）夕阳西下时，在室外举行仪式，安排 45 分钟的鸡尾酒时间，天黑后正餐开始。

（2）新人一般提早拍结婚照，到了结婚当天，可以让摄影师进行特别的安排，挑选比较理想的几张照片，来一场幻灯片放映会。将新人的一些故事"告示天下"，使现场气氛更加热烈。在上菜前让灯光暗下，放映短片，在客人投入地欣赏时让新人进场，会显得更加浪漫。

（3）其他婚宴仪式程序同主题，增加假面舞会。

（4）在上好的红酒、迷人的音乐及摇曳的烛光映衬下，宾客享受着美味的自助餐，新人踏着节拍穿梭于欢笑的人群中接受祝福，整个现场温馨而随意，是真正的 wedding party。

表演：爵士乐队现场演奏。

设计制作：请柬等所有的纸质品都应该是方形的，印刷简洁而干净。

主题四：苏格兰风情草坪婚礼——绿野仙踪

关键词：白色帐篷，苏格兰风笛，鲜花门柱，骑士，欧式马车。

综述：

（1）新人可与好友提前一天到达度假城，悠闲地泡个温泉，尽情享受一下自然风景，把烦琐的事交由婚庆部门操办，等待第二天幸福时刻的到来。

（2）婚礼开始了，大片的绿地已被白色的帐篷、粉色的桌椅和鲜花簇拥，富于苏格兰特色的风笛声响彻整个婚礼会场。当新人坐着被骑士们护卫的欧式马车来到宾客前，就像是童话中的王子与公主的到来，现场欢呼声雷动。

（3）新娘身着白色婚纱，挽着新郎走上了洁白的地毯，在所有宾客的见证下，互许爱的誓言，此时天空中缀满了轻舞的花瓣。

（4）仪式后的自助餐同样令所有人轻松愉快，大家在欢笑声中倾诉着爱情、亲情和友情，拍照留念，铭刻这一珍贵的时光。

布置：

（1）场所：待定（＿＿＿人以内）。

（2）思路：

①色彩：白色，绿色，粉红色。

②物件：气球，花卉，马车，白色地毯。

（3）背景：白色凉亭，在仪式花门上装饰粉红玫瑰、牡丹和芍药等粉色系花朵，错落有致、层层加深的粉色使会场全景宛如人间天堂一般，真是令人神往！

（4）餐台：象牙色的桌布，象牙色缎子椅套，椅背上缀亮粉色绸缎镶边的白色透明硬纱，融古典的精致与现代的简洁于一体。

（5）衣着：鸡尾酒服或小礼服，豌豆花、香槟玫瑰和百合用象牙色的丝绸缎带结在一起组成手捧花，传统中又给人非常现代的感觉。

（6）音乐：可以用一个四人的管弦乐队，演奏一些经典的婚礼音乐。

餐饮：

（1）酒水：香槟，鸡尾酒，白葡萄酒。

（2）菜牌：海鲜烧烤自助餐。

（3）甜品：蛋糕——用淡绿色的软糖和白色的果仁装点经典的白色婚礼蛋糕，为蛋糕增添一点春天柔和的色彩，使整个蛋糕淡雅柔和的色调更加完美，上面可以写上一些字，如"happily ever after"。

婚宴仪式程序：

（1）开场（主持人热场）。

（2）入场，苏格兰特色的风笛乐队演奏声响彻整个婚礼会场，新人乘坐被骑士们护卫的欧式马车来到宾客前，就像是童话中的王子与公主，现场欢呼雷动。

（3）新人从鲜花拱门入（2支礼炮），走上了洁白的地毯，此时天空中缀满了轻舞的花瓣。

（4）在所有宾客的见证下，新人互许爱的誓言，交换戒指，接吻。

（5）家长代表发言，证婚人证言。

（6）共斟香槟塔。

（7）拍照留念。

（8）宴会，切蛋糕。

（9）新人跳第一支舞，舞会开始。

（10）新娘抛花球，谁接到就象征她快要结婚了。

（11）新娘给来宾派发礼物。

（12）新郎、新娘告别亲友，进入酒店蜜月套房欢度新婚夜。

表演：骑士护卫队，苏格兰特色的风笛表演。

设计制作：纯白色的请柬，写上明绿色的书法字，并把它装进淡粉色和淡绿色条纹相间的信封里。

主题五：渔人码头希腊式湖畔婚礼——爱情天堂

关键词：小礼堂，游艇，人工湖，蜜月套房。

综述：

①热情的阳光下，在人工湖畔布置丰盛的自助餐，浓浓的地中海希腊风情，让清风轻拂你们的脸庞，让海鸥为你们歌唱，让来宾们与你们共同起舞，让四人弦乐队为你们伴奏轻吟，带着你的新娘和亲朋好友，将游艇驶向爱的港湾。

②希腊风俗中，新娘会在手套中放一些糖，代表把甜蜜带进婚姻生活。

布置：

（1）场所：小礼堂——渔人码头——蜜月套房（＿＿＿人以内）。

（2）思路：

①色彩：白色，蓝色。

②物件：游艇，浅蓝色帐篷，玻璃防风灯，白色的贝壳，海星。

（3）背景：浅蓝色的薄纱做成天蓬，白色地毯通向仪式台，海星闪耀着无尽的光辉，它们或散落在白地毯两旁，或藏匿于过道两端的兰花瓶底，或淘气地粘在过道两侧的玻璃防风灯上。

（4）餐台：浅蓝色的薄纱缀在白色折叠椅背后，蓝色的蚕丝桌布和罗缎织的长条桌布时刻散发着大海的味道，五颜六色的非洲菊插满白铁花瓶，嫩绿的草叶点缀其间，充满田园气息。

（5）衣着：正式晚装。

（6）音乐：四人弦乐队。

餐饮：

（1）酒水：香槟，鸡尾酒，白葡萄酒。

（2）菜牌：海鲜烧烤自助餐。

（3）甜品：新人会用薄纱包着裹以糖衣的扁桃仁，然后分派给宾客，以象征丰足和美满。

（4）蛋糕：一般为蓝色，上面可装饰浪花、贝壳和海星等图案。

婚宴仪式程序：

（1）新郎、新娘前往度假城礼堂，与亲友会合后开始举行婚礼（一般是下午）。

（2）婚礼由神父或牧师主持，一般都欢迎亲朋或有心聆听"福音"的人观礼，大家静候新人到来。

（3）在庄严的《婚礼进行曲》中，新娘由父亲牵引着，在缤纷的玫瑰花瓣雨中迈入礼堂。

（4）主持人问新郎、新娘是否愿意接受对方，新郎、新娘互相说完"我愿意"之后，双方交换戒指，接吻。

（5）新郎、新娘分别有伴郎、伴娘、花童若干，统称 BRIDA PARTY 。

（6）婚礼完成后，新人及 BRIDA PARTY 一干人等前往湖畔、海边等特别景点拍摄自然风格的婚礼图片，除传统惯例要拍的合影镜头外，其余镜头常常是即兴发挥。

（7）傍晚，一对新人、BRIDA PARTY 和双方父母聚于酒店布置的派对现场，程序为入场——就座——伴郎致辞——宴会开始——切蛋糕——新人跳第一支舞——舞会＋自助餐——新娘抛花球（新郎抛袜圈）——吻别——新郎、新娘乘游艇驶入酒店蜜月套房，欢度新婚夜。

表演：四人弦乐队。

设计制作：请柬上印上海星、贝壳等图案。

案例二 ▶▶ 重庆婚庆策划为你打造西式的浪漫旅程

忽明忽暗的烛光让婚礼拥有了一层朦胧感和梦幻感，让人觉得既温馨又浪漫。想界举行一场完美的烛光婚礼，烛光婚礼策划一定是少不了的。

1. 烛光婚礼策划之座位

（1）座椅与餐桌之间保持 60 厘米的最佳间隔，以便来宾入座。

（2）通常情况下，容纳一样数目的来宾，正方形或长方形餐桌会比圆形餐桌占用更多空间。比如，面积为 3 平方米的圆形餐桌能包容 10 位客人，若是选用长方形餐桌组织这 10 位客人入座，则需求一个面积为 6 平方米的餐桌。

（3）在圆形餐桌就餐的来宾比在正方形或长方形餐桌就餐的来宾靠得更近，有利于增加来宾之间的亲密感。

（4）细心丈量餐桌和座椅的尺度，按份额组织好每张餐桌能包容来宾的数目。

（5）若是条件允许，尽量确保每张餐桌的男女来宾能交错而坐。

（6）在正方形或长方形餐桌上就餐，参与婚宴的配偶大概相对而坐；若是一同来参与婚宴的并非自个的伴侣，那么相邻而坐即可。

（7）若是暂时有新增的来宾，可让他们在已组织好座位的餐桌就座，可是一定要防止由于新客人的加入而使餐桌变得拥挤不堪的情况。确切地说，每张餐桌添加的人数不宜超过一名。

2. 烛光婚礼策划之器皿

（1）尽量防止挑选图形夸张、色彩稠浊的瓷器和刀叉，因为它们会令食物的色泽变得黯淡无光，通常盛放在白色餐盘里的菜肴更能激起来宾们的胃口。

（2）勇敢地将瓷器与高脚杯混搭使用，令餐桌变得更富情趣。

（3）运用装满五颜六色溶液的酒杯映衬餐桌花饰与桌布的色彩，并将美酒盛入晶莹剔透的高脚杯，营造出尊贵、高雅的个性。

（4）不要由于一些额定的物品使餐桌变得零乱不堪，组织专人在婚宴上为来宾分发面包和倒酒。

（5）若是在饮品上有特别策划，应为每位客人供给相应的杯子。

3. 烛光婚礼策划之卡片

（1）婚宴安置中，最容易疏忽的是卡片。对餐桌的总数一定要一目了然，这样才能精确地核算并准备充足的座位卡及菜单。

（2）座位卡应放置在每个座位正前方最夺目的地方。

（3）菜单既能够套进餐盘内的餐巾里，也能够摆放在刀具的左上方。

4. 烛光婚礼策划之花饰

（1）餐桌花饰的高度不能太高，避免挡住客人的视野和阻碍客人的交谈。

（2）与正方形或长方形餐桌比，每张圆形餐桌用一个中心花饰安置就够了，若是中心花饰的体积较大，那么餐桌的尺度也需按份额增加，以便为客人供给足够的用餐空间。

餐桌中心装饰除了运用花卉外，还可添加精巧烛台、五颜六色烛杯等元素，这样会令餐桌变得愈加生动有趣，尤其在装饰正方形或长方形餐桌时，它们比圆形餐桌要大得多，更需精心装扮。

5. 烛光婚礼策划之蜡烛

（1）谨记尽管锥形的蜡烛在视觉上十分生动，可是烛泪很容易滑落。

（2）具有强烈装饰作用的五颜六色玻璃杯与鲜花搭配运用，外加亚麻质地的桌布，能为餐桌添加亮点，营造完美的视觉效果。

（3）锥形、枝状且带电池的小型蜡烛尽管亮度不如真实的烛光，价格也比一般蜡烛高，但在禁燃明火的宴会场所，只有它们能发挥作用。

6. 烛光婚礼策划之餐巾

（1）餐巾最好由柔软天然的纤维材料做成，大小一定要适中。

（2）能够将餐巾简略地折叠成方形，然后将菜单套进其间，放置在餐盘内。

（3）若是第一道菜已事先放置在餐盘内，那么餐巾应摆放在刀具的周围，并用丝带系住。

7. 烛光婚礼策划之桌布

（1）就正方形或长方形餐桌来说，将桌布直接平铺在餐桌上，令桌布四边垂下构成天然褶皱，为来宾们的双脚留出足够的活动空间。

（2）尽管将桌布平铺在桌面上是大家首选的方法，但参差堆叠的正方形桌布能为餐桌带来层次感丰富的视觉作用。牢记，若是选用多张桌布装修餐桌，在色彩调配和桌布放置方面一定要深思熟虑，避免看上去过于繁复厚重。

（3）有装饰图画的桌布越来越受大家的喜爱，特别是依照婚宴个性和新人爱好订制的桌布，引领餐桌装饰最新潮流。

案例三 西式冷餐酒会策划方案

一、活动主题

西式冷餐酒会可以多种主题来进行，例如加强各个商业品牌的交流合作；推广某个商业品牌及其产品；企业为增进员工的积极性、加强员工之间的交流而举行的各部门间的联谊活动；集团周年庆典以及校友多年重聚等。本次西式冷餐酒会就以加强各个商业品牌的交流合作为主题。

二、活动意义

本次西式冷餐酒会，可以将有影响力的各个商业品牌的代表性人物聚集一堂，并且展现各个商业品牌的独自特色，还可以让商业内部进行合作以及洽谈，促进产品的销售，扩大市场的占有率，刺激消费，有利于产品的创新与品牌的发展，为各个企业和部门创造盈利的机会。

三、酒会时间

2011 年 8 月 8 日（周一）17：00—21：30

四、地点选择

西式冷餐酒会可以选择露天，晚上露天虽然很有气氛，但是需要场地大，而且晚间举行酒会有一定的管理障碍，所以一般的大型酒会都会选择在商务大酒店或者大型会议厅举行。我们的时间定为当日下午 5 点开始，地点暂定龙口大酒店。

五、会场布置

（1）冷餐酒会入口：放置花篮以及参加酒会的各个品牌 logo 栏，花篮要求以红艳为主，象征这次冷餐酒会的成功，并设置贵宾签到台并安排礼仪小姐，贵宾签到后，由礼仪小姐带领贵宾踏着红地毯进入会场主活动区。

①红地毯大小适中，一般是长 15 米左右，宽 2 米左右，突显贵宾气质。

②要有鲜花拱门，拱门大小与入会门口相适应，色调与会场色调一致。

③礼仪小姐身着旗袍，身高 170cm 以上，要求长相甜美，有气质，懂得迎宾礼仪。

（2）嘉宾活动区域：要配置会场秩序人员 4 名和传菜服务员 6 名，要求 170cm 以上的男性。

①嘉宾活动区域内灯光布置十分重要，要做到打光能给人舒适的感觉，各个灯光组合

协调、柔和。

②场地的大小，以能容纳所有嘉宾活动范围为准，主要根据到场嘉宾数量来定。

③会场秩序员和传菜员要求穿正装，穿戴整洁，除工作需要外，尽量不要随意走动。

（3）主持人台：主持人的选择对于一场西式冷餐酒会相当重要，而且要邀请有实力的乐队，在酒会进行时，配合适当的音乐，以达到烘托气氛的目的。

①应选择有西式冷餐酒会主持经验的主持人，要求普通话标准，应变能力强，长相阳光，要求穿西服正装。

②主持台的灯光要求以暖色调为主，可以考虑粉红色，台高不超过半米，台背景可以打上"西式冷餐传商，成功酒会兴业"等句子，并且在背景上的左上方印上各个与会集团的 logo，以及主办方的名字，并在背景下设置补光灯。

③选择的乐队也要有演出经验，最好是 4~6 个人组成的乐队。

④在西式冷餐酒会开始前，对主持人的麦克风以及灯光等要逐一检查，并最好备有替补麦克风和应急灯光。

（4）冷餐长桌以及香槟台的配置：冷餐长桌的配置大小也很有讲究，每张 7~8 米，可以根据嘉宾数量配置相对数量的冷餐桌，每张餐桌铺金黄色纱衬，显贵族气质。香槟主要由高脚香槟酒杯来盛，然后摆成塔状，可摆成 6~8 层，8 层最佳。

①每张冷餐桌，具有西式风格，并且为上、下两档，桌面上放置西式冷餐，桌子下面放置高档餐具，餐具要美观、大方、实用，易于取食。

②冷餐桌上摆上蜡烛，蜡烛烛台的摆放采用西式风格且摆放位置不妨碍食物的夹取。

③每张冷餐桌配备两名服务生，用于对嘉宾用餐的服务和对嘉宾存在的有关西式冷餐问题的讲解，以及对冷餐的补充。服务生一定要具备西式冷餐的一些相关知识，并穿戴整洁，以白色餐厅服为佳。

④每张冷餐桌附近配以香槟台，香槟台配备一名服务员，用于对嘉宾香槟的传递和香槟酒的介绍。

（5）设置酒水吧台和热菜区：酒水吧台主要是针对那些对酒精过敏或者不胜酒力的嘉宾设置，热菜区的设置也是对西式冷餐酒会的一种补充。

①热菜区的制作窗口要和冷餐桌有一定的距离，并且要制作油烟小的热菜，至于热菜制作菜单，可与龙口大酒店商定。

②酒水吧台的距离不要离冷餐桌太远，便于喜欢饮料的嘉宾饮用，酒水台配置一名高级调酒师，并在酒水吧设置 3~5 把转椅，方便嘉宾坐着饮用。

（6）嘉宾休息区：为嘉宾休息和洽谈商业合作提供方便。

嘉宾休息区设置 6~8 张玻璃桌，每张玻璃桌围绕 3~4 张软式沙发，每张沙发能坐 2~3 人最佳。

（7）节目表演：节目表演区的台子一定要大且结实，能够容纳多人同时登台，最好采用钢架结构搭台。

①表演区的灯光也配有多色，可根据表演节目的变化不断地进行灯光调整，地麦收声正常，并配以吊麦，台上设置最少两台单项指型麦克风，用于演员表演。②选择有表演经验的演出团体，演出可形式多变，比如歌舞、小品、魔术、二人转等。

③演出的节目内容健康向上，要有积极的教育意义。

六、活动详情及时间安排

时间：17：00—18：15。

地点：嘉宾入口处。

活动内容：嘉宾签到，并且由礼仪小姐带入活动场地；进入活动场地后，主持人对嘉宾及其企业进行介绍，并安置好座位。

负责人员：礼仪小姐，主持人。

时间：18：15—19：00。

地点：整个会场。

活动内容：主持人开始主持酒会，邀请主办方领导上台致辞，并将这次西式冷餐酒会的目的和主办方在主持词中体现，然后开始播放与会集团的宣传片等。

负责人员：现场导演，主持人，以及主持台工作人员。

时间：19：00—19：10。

地点：香槟台。

活动内容：主办方领导向各个集团代表分发香槟酒，所有嘉宾共同举杯，主持人宣布冷餐酒会正式开始。

负责人员：主持人，香槟台服务员。

时间：19：10—20：30。

地点：冷餐桌，香槟台，休息区，酒水吧台，热菜区。

活动内容：西式冷餐酒会开始，大家可以以自助餐的方式进行取餐，还可以喝香槟，或者去吧台饮用饮料或者特定的酒水，也可以去休息区休息。

负责人员：主持人，冷餐和香槟服务员，调酒师，热菜区厨师。

时间：20：30—21：20。

地点：节目表演区。

活动内容：等嘉宾们用餐到20：30时，开始表演区的表演，各种表演精彩纷呈，带动现场的气氛，这期间大家可以一边欣赏节目，一边进行商业洽谈。节目一定要在规定时间内表演完毕。

负责人员：主持人，演员团队。

时间：21：20—21：30。

地点：主持台。

活动内容：主持人宣布西式冷餐酒会结束，再次感谢与会嘉宾，礼仪小姐带领嘉宾们走出会场。

负责人员：主持人，礼仪小姐。

时间：21：35。

地点：冷餐酒会外。

活动内容：燃放烟花。

负责人员：燃放烟花师傅，安保人员。

七、本次西式冷餐酒会的宣传

可邀请当地有影响力的媒体作为媒介，对本次西式冷餐酒会进行宣传报道，并且也可以采用其他各种渠道，如报纸、广播、电视、网站等宣传，并在酒会后对酒会成果进行报道。

八、经费预算

（1）龙口大酒店场地租用费每小时2 000元，4.5个小时，共4.5×2 000＝9 000元。
（2）主持人费用每小时200，4.5个小时，共200×4.5＝900元。
（3）演出团体演出费用每场3 000元，共3 000元。
（4）礼仪小姐费用每人300元，8人，共300×8＝2 400元。
（5）冷餐台服务员、香槟台服务员，冷餐桌6张，每张安排2名服务员；香槟桌6张，每张安排1名服务生，每位服务员500元，共计（6×2＋6）×500＝9 000元。
（6）灯光后台以及各种设备的租用费用，共2 000元。
（7）礼花的购买以及各个角落花束的装饰费用，共3 000元。
（8）酒店安保人员费用，共3 000元。
（9）各种宣传的费用，如印制请柬，邀请电视台、报社等宣传，共30 000元。
（10）调酒师费用每人1 000元，两人，共1 000×2＝2 000元。
（11）热菜区厨师费用每人2 000元，两人，共2 000×2＝4 000元。
（12）各种沙发转椅餐具的租用费共2 000元。
粗略合计：9 000＋900＋3 000＋2 400＋9 000＋2 000＋3 000＋3 000＋30 000＋2 000＋4 000＋2 000＝70 300元 。

九、初步展望

通过这次西式冷餐酒会，可以真正地达到各个集团间的互相了解，有力地推动集团之间的强强联合，可以淘汰一批旧的产品，从而推动新产品的研究开发，在为各个集团带来利益的同时，也推动产业链的发展，带动龙口市经济的飞速发展。

案例四 美味海鲜烧烤火锅主题自助餐促销方案

一、活动目标及活动宗旨

为了进一步扩大西餐厅的营业额，实现利润最大化，推出更适合本地消费群体的口味，让我们的自助餐能够让更多的客人接受和喜欢。

二、营销对象

本地散客、家庭儿童以及住店的客人和外宾。

三、主题

美味海鲜烧烤火锅主题自助餐。

四、促销活动的部分整改方案

（1）将适时地添加 6～8 个热炉，增加热菜的品种，让客人在等火锅的时候可以先吃一点热菜，不要让客人因久等火锅而不耐烦。

（2）将烤乳猪和烤全羊等这些成本高的食品去掉一部分，增加一些成本较低的类似食品，例如烤脆皮鸭、烤全鸡和卤肉等。

（3）去掉港式小炒的小菜，增加部分成本较低的海鲜烧烤食品。

（4）增加一些适合本地人的口味较重的菜式和食品，例如水煮肉片、水煮鱼、辣子鸡、胶东大炖、麻婆豆腐、大肠炖粉条等，并且每天推出一款不同的菜式供新老顾客享用。

（5）增加一些儿童食品，现在好多家庭消费群体都是看孩子喜欢去哪儿就去哪儿，所以要多吸引一下儿童的眼球，可以推出比萨、儿童小吃、巧克力瀑布等孩子喜欢的食物。

（6）由每天赠送鲍鱼改为赠送海鲜刺身，在自助餐台上适当地摆一些时令海鲜。

（7）增加一些其他酒店没有的特色，让人能感到耳目一新，吸引更多的消费群体，比如在自助餐台摆一个时令水果装饰餐台，客人既可以享用水果也可以欣赏艺术般的水果台。

（8）重新调整自助餐的摆台，让自助餐看起来更丰富和漂亮，自助餐摆台重点放在餐厅的主要通道上。比如布菲热菜、火锅菜品、凉菜、甜点、饮料台摆在此处，烧、烤、扒类的食物在餐厅的另一条通道上，开放厨房出品，由厨师把食物烧、烤好之后放到帝廊布菲台的布菲炉里让客人自己拿取。

（9）自助餐台摆台方式建议以西式装饰摆台为主，菜品以中式菜品为主。

（10）建议市场推广部大力推广新的自助餐。

（11）建议新自助餐推出时间暂定为 9 月 20 日。

五、预计收入

自助餐：每位 98 元，60 位，共 98×60＝5 880 元。

法式商务宴会主题服务方案

一、服务方案设计

（一）宴会主题

法式商务宴会。

（二）用餐人数与标准

用餐人数为 100 人，用餐标准是 150 元/人。

（三）桌数

主桌 1 桌 6 人，副桌 16 桌，每桌 6 人，备桌 2 桌。

（四）宴会场地布置

（1）宴会厅面积：400 平方米左右。

（2）宴会厅布局及安排（略）。

（3）桌面铺台：

①主桌：2.4×1.2，深蓝色桌布和椅套，白色桌裙，主桌西式插花，主花为粉紫色百合花，高度不超过 20 厘米。

②副桌：1.8×0.75，深蓝色桌布，白色椅套，白色百合花，西式插花。

（4）工作台安排：主桌 2 个工作台，一个为现场烹制操作台，一个为备餐台，其余每桌安排一个工作台，工作台铺上白色桌布，各准备一个圆托盘，一个长方形托盘。

（5）餐台餐具准备：每桌 6 个餐位，12 寸展示盆 6 个，饮料杯 6 个，红葡萄酒杯 6 个，香槟酒杯 6 个，6 寸面包盘 6 个，黄油刀 6 把，黄油碟 6 个，牛排刀叉 6 副，汤勺 6 把，鱼刀鱼叉 6 副，甜品叉勺 6 副，银烛台 2 套，白色蜡烛 8 根，烟缸 2 个，盐、胡椒、牙签盅 2 套，粉色席位卡 6 个（主桌用），白色餐巾 6 条，折郁金香花盆花。

（6）工作台物品准备：

①主桌客前烹制车：12 寸主菜盆 6 个，青椒牛扒现场烹制用具一套。

②主桌工作台：色拉木碗 6 个，小叉 12 把，水果叉 6 把，咖啡杯具 6 套，咖啡匙 6 把，奶缸、糖缸 2 套，服务叉、服务勺 2 套，咖啡壶 1 个，葡萄酒开瓶器 1 个。

③其他餐桌工作台：12 寸主菜盘 6 个，其他与主桌工作台相同。

（五）人员配备

（1）迎宾：2 人。

（2）现场服务指挥：2 人。

（3）主桌：4 人（1 人在客前烹制，1 人提供上菜及对客服务，1 人提供酒水服务，1

人传菜)。

(4) 其他：24 人，每桌 3 人 (1 人提供上菜及对客服务，1 人提供酒水服务，1 人传菜)。

(5) 机动：6 人 (4 人提供服务，2 人传菜)。

(6) 餐前服务：7 名 (5 人提供餐前酒水服务，2 人提供衣帽服务)。

(六) 服务设计

(1) 餐前酒服务：休息等候区域，宴会开始前 30 分钟，准备开胃酒、小吃，提供衣帽服务。

(2) 宴会开始前 15 分钟派好面包、黄油。

(3) 宴会主客方开宴致辞。

(4) 酒水服务员上菜前先斟好酒水，斟酒时机要统一。

(5) 传菜人员线路统一，注意队形，时间统一，菜肴统一。

(6) 传菜员传菜至餐桌边，配合上菜服务员的上菜服务，同时带走撤下的脏盘。

(7) 上菜菜肴统一，时机统一，服务统一。

(8) 主菜服务，主桌客前烹制，副桌随桌派分。

(9) 对每道菜肴的服务方法及所配酒水烂熟于心，时刻准备着为客人提供服务。

(10) 宴会举办前宴会主管人员明确分工，各分工要统一进行培训，宴会开始前一天开餐前准备会议，宴会当天准备工作就绪后，宴会主管人员要对各环节进行检查。

(11) 收尾工作：所有客人离开后方可进行收尾工作，按照棉织品、银质餐具、不锈钢餐具、玻璃器皿、瓷质餐具的顺序进行收台，物品分别按照分类送到相应部门进行清点、洗涤。

(七) 酒水准备

(1) 餐前酒：鸡尾酒、啤酒等。

(2) 香槟酒、红葡萄酒 (配主菜)、橙汁、冰水。

(3) 咖啡。

二、菜单设计及菜肴服务方法 (略)

附一 酒水销售方案

一、活动销售

酒吧坚持定期活动可以起到留住老客户、发展新客户的良好市场战略作用。

二、活动策划

（1）宣传期间。

例如某月 10 号为活动日，提前 1~2 周宣传。首先针对店内 VIP 会员，一一发送活动信息通知；开展店内外宣传活动，外部主要是广告和客人间口头宣传，内部主要是海报和销售人员的宣传，对 10 号前来店消费的每一位客人告知活动时间和活动主题，并同时赠予或者推销活动邀请卡片，从而"诱惑"客人当日前来参加活动，卡片上须注明时间、权限和使用方法。

注释：卡片的形式。

A. 免费赠予——持该卡片参加活动即可免费获得啤酒一瓶或者洋酒一杯。

B. 定额面值——该卡片有一定面值额度，得到此卡片的方式是向销售人员或在店里购买，比如 50 或 100 活动面值，活动当日持 100 面值活动卡片可以购买店内啤酒半打或者可以充当 120~150 元的酒水购买现金来使用或者其他优惠。销售的同时尽量留下客人的信息。

（2）实施方案

如是 A 卡片，活动当天客人持卡片前来参加，在进店或者使用卡片兑现啤酒的时候向其赠送下次活动的卡片。

如是 B 卡片，在客人兑换完啤酒后，由店内销售人员在客人即将离店之时，为其推销下次活动的消费卡片，或者上桌为每一桌客人即时推销此类卡片。

活动期间需要有表演、各种互动游戏、即时促销和抽奖环节，保证每次活动的趣味性和吸引性。

［附言：以上说及活动销售方案只是一个框架思路，具体实施操作还需具体商讨］

三、日常鸡尾酒促销方案

鸡尾酒是一种成本低而利润高的酒，它的制作方式独特又实用，因而深受很多朋友的喜爱。酒吧不定时举办鸡尾酒促销活动，可以增加鸡尾酒销售量，从而提高酒吧的经营效益。

（1）每晚在 9 点半之前进场到 12 点未退场并且在吧台消费达到一定金额的客人，均由调酒师赠送精心调制的鸡尾酒一杯（这一鸡尾酒促销方案主要特点是有时间限制，一般在这一时段人比较少，基本都是酒吧常客）。

（2）酒吧对每一位来本酒吧举行生日聚会的顾客，赠送由调酒师调制的宴会系列鸡尾酒，或天使半打，或沙滩半打，或试管鸡尾酒一套，并点上烟花以示庆祝。

（3）在一周里特定一天作为女士之夜，女士在当晚9点半至凌晨零点之间可免费品尝鸡尾酒。

（4）制定每周一酒方案，在桌台的鸡尾酒推广卡片中注明某款鸡尾酒在本周以半价销售。

（5）由营销人员定台并消费达到一定额度的顾客，由定台营销经理赠送杯塔鸡尾酒一套，可由调酒师亲自到其座位上制作。

（6）对在吧台购买宴会型鸡尾酒、成套子弹型鸡尾酒、试管鸡尾酒的顾客赠送果盘或者小吃。

（7）由服务部负责促销鸡尾酒，给予服务员5%的提成（或其他待遇）。

（8）招聘吧丽，可以和坐在吧台消费的男性客人更好地沟通。

（9）可以让来店消费的客人留下一张交友卡由酒吧保存。

（10）在酒吧各处贴上鸡尾酒小图片和信息，如在厕所、墙壁等。

（11）由调酒师和吧台工作人员对每一位坐在吧台点经典鸡尾酒的顾客讲解这种鸡尾酒的由来。

（12）吧台工作人员须掌握些小魔术和一些趣味性游戏和客人互动，以增加气氛，让客人感受不一样的吧台文化。

（13）每位客人都可给我们的调酒师提供意见和建议，对我们以后的经营有很大的帮助，也利于经营对策的改善。

附二　快餐业促销计划经典案例

一、市场竞争态势分析

在市场竞争态势中，用市场区隔的方式将快餐行业区分为中式快餐与西式快餐两种。其中，中式快餐以 WA 与 CD 为代表，西式快餐则以麦当劳、肯德基与比萨最具代表性。西式快餐是由国外引进的经营方式，麦当劳是第一家进入台湾市场的快餐连锁店，比萨成长极为迅速，一年内扩展了七家连锁店，而肯德基由于在炸鸡方面独具特色，占有一定的市场。

WA 是第一家以中式快餐为诉求的连锁店；CD 则是目前数量最多的速食连锁店。

二、市场定位

（1）麦当劳的市场优势在于清洁（clean）、快速（fast）、品质（quality）、服务（service）、价值感（value）。

（2）肯德基的市场优势为商品的独特口味。

（3）比萨的市场优势是，它是全家的快餐伙伴，以家庭为主要服务对象。

（4）WA 的市场优势为中式传统口味，并加上清洁的就餐环境。

（5）CD 以颜色管理为市场优势，商品定位为以小菜与牛肉为主。

三、行销定位策略

行销定位策略是行销成功的关键。所有的行销活动，包括销售、广告、促销、定价、商品生命周期、包装、配销及公共关系均以市场定位为依据。由麦当劳引进国际连锁企业的经营，呈现竞争白热化的市场态势，在这多变的市场与竞争激烈的环境中，唯有建立强而有力的行销定位策略，才能找到生存与发展的市场空间。

目标市场：根据市场情报显示，以快餐产业的厂家而言，其最常用的市场区隔方式是以"人口统计因素"为主，其他如地区因素、顾客心理因素与顾客消费行为因素等较少使用。而在人口统计变数中，又以"年龄"与"职业"应用最普遍。西式快餐业均以年龄作为市场区隔的考虑变数；中式快餐业则以职业为市场区隔的变数。麦当劳以年轻人为主要目标市场（4～30岁男、女性），比萨与肯德基则以家庭成员的消费客层为主要诉求对象。WA 与 CD 则定位在学生族与上班族的消费客层。

市场定位：（1）麦当劳：以年轻、活泼作为诉求，希望营造轻快的用餐环境。（2）比萨：以高品质、高价位的定位，希望带给消费者的印象是产品比竞争者好，价格比竞争者稍贵。（3）肯德基：定位在"家庭成员的消费"，营造家庭式温馨团圆的用餐气氛。（4）WA：定位于中式快餐简餐与外带餐盒，并以快速自我选择的环境，通过点心式产品的组合，来满足消费者多样化的需求。（5）CD：定位在上班族的消费，强调为上班族提供"快速、简便"的用餐环境。

由以上分析，可看出各连锁店在市场定位上的做法均倾向于"吸引目标客层的舒适用餐"印象诉求的定位策略。其中，西式业者的策略多秉承授权母公司的原有风格，中式业者则积极塑造自己的魅力与独特风格。

四、行销组合策略

商品定位：西式快餐业者，推广的重点都在小孩的需求层面，一方面希望培养小孩从小吃快餐的习惯，另一方面也希望通过小孩的带动，能吸引整个家庭成员都到店中接受温馨的服务。以下即为行销新趋势。

（1）快餐业经营者会针对市场的反应来修订行销策略。

（2）以往快餐市场的主要目标顾客群为学生和上班族。而今天，随着许多妇女与小孩的加入，快餐业更加显得活泼和多元化，使经营者有更多的市场机会来把握，同时也对快餐业的经营提出了相应的挑战，快餐业应专门对新的顾客群进行经营定位，以适应他们新的不断变化的需求。因此，快餐业有三大主要目标市场，即上班族市场、学生市场、家庭组员市场（以家庭为消费单位）。

商品策略：商品策略是根据行销定位策略所选定的区隔市场，提供符合该区隔市场需求的商品。餐饮业属于零售服务业的领域，因此，在进行商品组合与商品企划时，有下列各项因素值得考虑：零售服务业的无形性（指服务）、零售服务业的可变性（指市场客层）、零售服务业的不分离性（指连锁店经营与行销策略）、零售服务业的公共性（指形象、知名度与口碑等公关因素）。以上四项所带来的行销瓶颈是极难解决的问题。因此，在拟订商品策略时，应以快餐连锁的商品来加以定位，其中应包含下列各项，即实体商品的供应、商店气氛的营造、动线的规划与 pop 广告的陈列、提供的服务与特色、商店卖场的整体设计等。只有如此，方能在竞争市场上取得优势商品的条件与机会。

定价策略：定价乃行销战略中最敏感而痛苦的决策。一方面，价格决定企业的收入；另一方面，价格又是企业在市场竞争中刺激业绩的主要武器。目前市场快餐连锁店的价格普遍偏高，是众所周知的事实。然而，根据市场访问的资料显示，影响商品价格的重要因素可归纳为下列各点：成本因素（包括经营成本与行销成本）、竞争者定价水准、顾客心理价格标准、公司的行销目标、公司的行销利润与市场占有率等。以下是中式快餐业与西式快餐业的定价策略。

（1）麦当劳：依消费者对消费价值感的知觉来感受价值，加以定价。

（2）肯德基：参考竞争者所定的价格加以定价，目的在于市场竞争。

（3）比萨：参考竞争者所订的价格及顾客反映意见加以定价，以市场渗透与竞争优势为目的。

（4）WA：反应成本加上固定利润加以定价，以成本加利润为标准。

（5）CD：以定价尾数不为零或整数为原则，加以定价，如 3.8 元、4.5 元，其目的在于渗透市场与刺激市场占有率。

由上可看出：中式快餐经营者的定价策略多以成本加利润为原则，而西式快餐业则大多以竞争导向与渗透市场为定价目标。此外，最具突破性的定价行销最近也被快餐经营者采用。

（1）大众化的普及价格，让更多消费者享用商品为主要定价目标，如此有利于市场扩大。

（2）先行决定售价，再根据这一价格来策划商品组合。

（3）以人事费与材料费为成本的核心，把追求规划经济与兼差员工（以时薪计算）的大量雇佣作为降低成本的重要途径，而雇请时薪兼差人员更是快餐业的市场潮流与经营方针。

由于快餐业是定位商圈的连锁经营形态，生产、物流、配销与销售几乎同步发生，同时，商品又大多无法保存太久，因此必须利用多点分布的扩散行销，来形成面的市场攻击，以达到攻占市场的目的。所以，走向连锁经营，以多店连锁各商圈向多处市场扩散，已成为经营成功的首要条件。快餐连锁店环境战略与通路策略分述如下。

环境战略：

（1）麦当劳：①以地区人口分布决定开店地点与规模；②着重地区分布与物流配销问题。

（2）肯德基：①人口结构与密度；②商圈特征（以商业区分布与学校附近及人潮集中的地区为主）。

（3）WA：①人口流量多的地区；②区域市场发展性；③交通快餐性；④消费特性。

（4）CD：①了解地段特性；②人潮集中地区；③社区；④商圈附近的消费水准。

通路策略：

麦当劳：逐步向中南部发展，并发展适合各种商圈与立地条件的店（包括人潮集中区、车站附近、学校、商业区、金融圈）。肯德基：全面性发展。WA：以复合店的经营形态增加集客战力，以商业区、办公区为主要开店通路。CD：追求普及化的消费形态，以取代路边摊。

综观所述，快餐连锁店的通路策略可整理并归纳为下列各种形态。

（1）以连锁经营与多据点攻占目标市场。

（2）连锁经营的形态以自由连锁与特许经营为主。特许经营为向国外购买的经营策略与商店品牌，此为西式快餐业的特色。中式快餐经营者则仍以自由连锁为主。

（3）以大城市为首先切入的目标市场，站稳脚步后再向中南部推展。

（4）物流的配送路线，其通路长短为先期切入市场必须考虑的重要因素。

（5）西式快餐经营者集中开店，以便发展为更大市场，向郊区发展更是未来的目标。

（6）"人"潮即"钱"潮。此为快餐经营者选择开店地点的主要考虑因素，人潮的结构更是注意的焦点。"人"潮的特征分为：

①流动人口。

②当地居住人口。

③娱乐集合人口。

④上班族人口。

⑤逛街购物人口。

（7）不同的环境特性有不同的机能与集客能力，因此环境特性是经营者必须注意的焦点。商业环境可分为：

①商业区。

②住宅区。

③办公商业区。

④娱乐区。

⑤学术区（学校附近）。

⑥各种功能组合的综合商圈。

（8）商圈内人潮的消费水平是影响开店的重要因素。

（9）复合店的开发能创造更大营业额与营业利润。

推广策略：在零售服务业的行销策略中，企业形象的建立与知名度的炒热相当重要。除了通过经营者所提供的商品带给消费者的感觉外，广告与促销活动更是经营者争取消费者认知与获得良好印象的重要策略。因此，有效运用广告策略与促销战略，并发出适当的广告与促销信息，与消费者心连心，建立密切关系，乃是推广策略的主要课题。快餐业的推广策略分述如下。

（1）电视广告。

麦当劳：

①带动狂热。

②大量投入 TV 广告。

③密集强打。

肯德基：

①较保守、不敢过分强打 TV 广告。

②着重在企业形象的塑造。

CD：

①较保守、不敢过分强打 TV 广告。

②着重企业广告。

WA：

①只做企业形象广告。

②打折。

（2）促销活动。

麦当劳：

①合作促销生日餐会。

②赞助回馈社会活动。

肯德基：

①打折。

②赠送礼品。

③运用 DM 营销手段。

WA：

①打折。

②赠送小礼品。

公共报道：

麦当劳：

①利用机会制造新闻事件。

②以各种活动吸引各媒体注意。

肯德基：

①用机会制造新闻事件。

②以各种活动吸引各媒体注意。

WA：尚未运用。

CD：尚未运用。

实战策略：

麦当劳：

①利用话题性信息。

②传播塑造精神人物或偶像。

肯德基：

①以地区性市场推广为主。

②走市场机会者的定位策略。

WA：

①利用口碑宣传。

②配合节庆假日促销。

CD：

①以地区性市场推广为主。

②走市场机会者的定位策略。

综观以上所述，快餐业的推广策略可由下列各项重要措施落实执行。

（1）广告策略的应用可分为三阶段执行：①树立企业形象，提高企业知名度，告之消费者企业的性质及所提供的产品与特色服务；②强化企业形象，增加消费者对产品与服务的认知、肯定到指名购买；③针对单项商品（单品）或新商品来加强广告与促销活动。

（2）企业形象的塑造是经营快餐业的行销目标。

（3）西式快餐业共同的特色，即是企业代表人物为连锁店之 pop 造型，例如麦当劳为麦当劳叔叔造型、肯德基为肯德基上校造型，其主要目的是借此增加企业对顾客的亲和力。

（4）口碑宣传及耳语运动（Whisper Campaign）是极为重要的沟通方式。此外，加强服务、维持良好品质都是必须落实执行的事项。

（5）促销活动最常使用的方式是赠品与赠奖，举凡赠送小礼物、集点券、奖券等都非常有效，且十分流行。

（6）与其他企业合作做联合广告也是很有效果的方式。例如麦当劳与俏丽洗发精的联合广告就很成功。

（7）社会爱心回馈活动、写作比赛、亲子活动、快乐家庭等顾客参与性的宣传与促销活动渐渐被快餐经营者采用。

（8）连锁店整体企业形象的塑造与提升，必须借公益性活动、体育赞助活动以及捐血活动等慈善活动达成。

（9）发布具有新闻性、话题性的资讯来做"议论纷纷"的宣传，可吸引大众传播媒体的关注，免费做宣传报道。

（10）在各家分店的小商圈行销策略中，可做定点行销与广告宣传。同时，针对各商店附近的商圈特性、人潮特性加强促销与推广的整体活动。

公共关系：麦当劳非常重视公共关系，大力在报纸上寻找刊登消息的机会，这些消息有的是由人力制造出来的微不足道的消息，有的则是精心设计、显示麦当劳实力的资料，如早年的"所使用的面粉已可填平大峡谷"、"所用的番茄酱已相当于密西西比河的水量"以及后来的"将所卖的汉堡包连接起来，可来回月球几次"等。麦当劳另一项着意塑造的则是麦当劳在汉堡包界的权威，如发表全国性民意调查，显示美国人平均一星期吃多少汉堡包——数字精确到小数点后好几位，连美国肉食协会都视这项资料为法宝。

麦当劳还主动创造被记者采访的机会，参加公益活动，获得公众关注。在麦当劳的公关手册中，还提到在不同市场应采取的不同手段，如在以家庭为主的市场可将汉堡包所得捐给当地的学校做乐队制服，手册还指导加盟者如何争取报纸报道各店的活动，如何争取照片上报等。麦当劳每年捐出4%的营业所得（约5 000万美元）用于各项赞助活动，麦当劳总裁透纳曾说："使我们的名字出现在公众面前，而创造一个足以抵消卖汉堡包的企业形象，我们的动机99%是商业性的。"

在连锁店的公共关系中，社会关系是相当重要的一环，由于连锁店各分号一般以一定区域的居民为目标顾客，它便需要和所在地的政府、社会团体或单位以及全体居民保持和睦的关系，根据各分店附近的商圈特性、人潮特性制定公关策略。如麦当劳就要求各连锁店主参加当地的公益活动，如学校乐队、儿童医院等。坐落在北京王府井的麦当劳分店还组织员工打扫天安门附近的地面。麦当劳还专门设有"麦当劳叔叔之家"，大部分建于儿童医院附近，专门提供免费或低价的住宿，招待病童的父母。

另外，连锁店还需注意"公关危机"。公关危机是指突如其来的、对连锁店形象有破坏性作用的恶性事件。由于连锁店经营幅面广，各联号经营的环境千差万别，很有可能因一家连锁店发生公关失误而使整个连锁体系蒙上污秽，因而连锁店应及早预防，制定危机事件处理的基本对策，从而处变不惊，使恶性事态向良性转化。如麦当劳曾推出一种大号馅饼，起名为"1/4磅"，广告声明肉馅重量为1/4磅重，即4盎司。产品推出后公司的公共关系部门遇到了一大难题。原来美国农业部搞了一项正式调查，宣布这种馅饼中的含肉量从未超过3盎司。麦当劳自查后登报声明：此种产品所用肉馅，加工制作之前重量为4盎司，借此度过了信誉危机。

🌐 任务准备

一、团队组建

本书大部分内容的学习采取小组学习的方式进行，请在规定时间（15分钟）内自行组建学习小组（每组人数视班级情况自定）。

学生分好组后，以小组为单位坐在一起。各组坐好半圆，中间的场地空出来，便于组织活动。每组选出组长、秘书，定出组名，编好组歌，画出组徽，制定小组格言，并记录在下表中。

组名				
小组格言				
组徽		组歌		
组长		秘书		
组员姓名	联系电话	组员姓名		联系电话

二、教师下发任务书

任务书

1. 任务目标

（1）西式宴请活动中如何对老人进行菜肴与酒水推销服务？

（2）拟订西式鸡尾宴会菜肴与酒水推销服务方案。

2. 任务要求

在教师指导和辅导下，以小组为单位完成"西式酒会宴请活动中不同顾客对菜肴与酒水的需求"的搜集任务。

以小组为单位，搜集相关西方菜肴和酒水、西菜与酒水搭配以及推销技巧等相关资料。

3. 活动规则

（1）各组自行做好计划书，明确分工。

（2）活动过程必须全体组员参与。

（3）要通过各种形式（相片、视频、漫画、小品演示等）将活动过程记录下来。

（4）任务完成后，要向全班同学汇报，并展示任务的完成过程。

任务实施

一、制订实施方案

认真分析任务，并确定好任务实施方案。

二、确定人员分工

任务实施过程中要明确分工任务，组长要调动组员充分表达不同意见，形成职责清晰的任务分工表。

组员姓名	任务分工

三、过程监督

请各组成员在任务实施过程中做好过程记录，组长负责进行监督，全组共同完成进度监督表。

工作阶段	时间	进度描述	检查情况记录	改善措施以及建议

四、各组成员记录任务实施过程中的困难及收获

困难：_____

_____

小组成员想到的解决方法：_____

_____

本次活动的收获：_____

_____

五、展示活动记录

每个小组在任务实施过程中，可以用各种形式把本组搜集到的"西式宴请活动中如何对老人进行菜肴与酒水推销服务"和"拟订西式鸡尾宴会的菜肴与酒水推销方案"以及"西式宴请菜肴与酒水推销服务"的成功例子记录下来，并以各种形式展示出来。

六、班内汇报

汇报内容包括对本次任务完成情况的介绍、任务实施过程中遇到的困难和解决的方法、对所搜集及观察到的内容的解说等。小组互相评价，并对同学的汇报情况做好记录。

组别	汇报情况（包括任务完成情况介绍、过程处理及搜集效果等方面）

七、归纳总结

通过本次活动，请你归纳"西式宴请活动中菜肴与酒水推销服务"的技巧，请以自己经历的事情为例进行说明。

_____

_____

_____

_____

_____

_____ 。

评价反馈

以小组为单位，结合表中标准，围绕自己在活动前后的思想、行为等变化，进行客观评价。

西式宴请活动中菜肴与酒水推销综合体现评价标准			
（1）遵守规则。			
（2）能快速找到与组员的共同目标。			
（3）能准确无误、无条件地接受并立即执行组内指令。			
（4）能按事先确定的方案尽力完成任务。			
（5）能建立良好和谐的人际关系，使工作尽快开展。			
（6）能够化解任务中的障碍。			
（7）能勇于承认错误，敢于承担责任。			
（8）能以大局为重，调整自己的工作节奏。			
（9）能在团队合作中表达自己的意见，也能虚心接受他人的建议和批评。			
（10）为了实现共同目标，能牺牲自己的利益。			
活动前		活动后	
思想描述		思想描述	
行为描述		行为描述	
感悟			

思考与练习

（1）西式宴会有哪些类型？与中式宴会有什么区别？

（2）西餐有哪些菜系？西式菜肴与酒水如何搭配？

（3）西式宴请活动中的菜肴与酒水推销有哪些技巧？

（4）拟订西餐酒会菜肴与酒水推销服务方案。

（5）西式宴请针对儿童如何进行菜肴与酒会推销？请举例说明。

参考文献

［1］汪蓓静．餐厅服务员（中级）．北京：中国劳动社会保障出版社，2008.

［2］曾凤茹．餐厅服务员．北京：中国劳动社会保障出版社，2003.

［3］任利红．推销必懂心理学．北京：北京工业大学出版社，2010.

［4］傅浙铭，林宁．顾客心理与营销决策．广州：广东经济出版社，1999.

［5］骆淑波，彭景．烹饪营养与卫生．大连：东北财经大学出版社，2003.

［6］徐文苑．中国饮食文化概论．北京：清华大学出版社；北京交通大学出版社，2005.